博報堂シニアビジネスフォース流

定年対策、
リスキリング、
何をしたら
いいの!?

定年までの生き方コレクション

博報堂シニアビジネスフォース
ディレクター／キャリアコンサルタント
三嶋（原）浩子

中央経済社

はじめに

70歳まで働ける人生を作っているか。

　「まぁ何とかなるだろう」50歳代が集まった筆者の部活同窓会における雰囲気です。人生100年時代という言葉が登場して久しいですが，定年後をどう生きようか，見事にみんなノープラン。「うちら100歳まで生きるかもよ。何とかなる，その根拠は？」と筆者が発した途端，「酒がまずくなる」と言いたげな嫌なムードになりました。部活における嫌われ者，健在といったところです。

　しかし2021年4月1日には高年齢者雇用安定法の改正が施行され，70歳までの継続雇用制度が努力義務として加わりました。それは，どういうことか。国が人生100年時代を視野に入れて，高齢者が長く働ける環境を整備してくれた，とも取れますが，「老後は悠々自適と考えず，高齢者は元気なうちは働いてほしい」という意味が含まれると解釈できます。「自助・公助・共助」なんて言葉も生まれましたが，「自助」を考えること，待ったなしではないでしょうか。100歳まで生きる可能性を視野に入れ，70歳まで働く。そして70歳まで働ける人生は，自分で作り上げなければならない。しかし，このことに気付いて行動に移している人たちは，果たしてどれ位いるのでしょうか。

「未定年」とは何か。

　筆者の本職はCMプランナー・コピーライターで，同時に博報堂シニアビジネスフォースというプロジェクトのメンバーです。人口の半分が50歳以上の中高年層となり，人生100年時代と言われる長寿国・日本のマーケットにおいて，シニアたちのインサイトを探り，どんなビジネスを生み出していくのか，を提案しているプロジェクトです。

　この活動の中で2017年2月，博報堂シニアビジネスフォースは，定年を意識し始める50代に注目し，その世代を未成年ならぬ「未定年」と名付けました。

博報堂シニアビジネスフォースが，調査・分析した50代男性「未定年」層の意識については後述しますが，概観的に述べると1950年代後半〜1960年代生まれであるこの層は，定年後（60歳以降）の生活に対して「期待と不安が入り混じる，でも老後の準備は進めていない」という結果が浮き彫りになりました。

「未定年」を意識しない危険性とは。

　この意識結果は大変，危険です。1950年代後半〜1960年代生まれは，親が定年後，さほど困ることなく国から手厚い保護を受けてきた世代です。親が困らない姿を見てきたため，いま切迫感がない。日々の仕事や生活の課題もある。だから，老後をイメージした準備ができていない。冒頭の同窓会のように根拠なく「まぁ，何とかなるだろう」と日々をやり過ごすのです。

　しかし，もはや親世代と同じように老後を国の庇護の下，のんびり暮らすことはできない。医学の進歩により，人生100年時代が叫ばれるようになり，65歳からの老後が35年もあるのです。

　にもかかわらず，ロールモデルが見当たらない。それは超高齢化社会において，いまの50代が先駆者となって，50代自身がロールモデルを作っていかなければならないのです。

　しかし，本当に「未定年」で，セカンドライフに向けた準備をしている人はいないのだろうか。そういう目で周囲を見渡してみると，数少ないながらも，いち早く「未定年」を始め，アクションを起こしている人がいました。この生き方を広く伝えていくべきだ。そう考えて，筆者は「未定年」のお手本となる人たちはいないかを観察し，コツコツとコレクションしていきました。

「未定年」層，拡大のススメ。

　筆者が設定する「未定年」層は，40歳から59歳です。博報堂シニアフォースが2017年に定義した「未定年」層より幅広い層であるべきと考えます。

　なぜなら時代が変わり，日本はコロナ禍により，さまざまな価値観をスク

ラップ&ビルドする必要に迫られているからです。

　東京大学の上野千鶴子名誉教授は，コロナ世代の大学生に伝えたいこととして，次のように語っておられます。

> 企業に就職するにしても，30年後にその企業がどうなっているかは分かりません。私は内定の決まった学生に必ず言うんです「おめでとう，よかったわね。でもあなたの会社，定年まであるかしら」って。企業組織の平均寿命は，人の寿命より短いですから。20歳ぐらいの時から人生100年を考えて，マルチスキル，マルチチャンネルを獲得してほしい。学生たちがこれから出ていく社会は，何が起こるか予測できませんから。
> （引用：Yahoo！ニュース・オリジナル特集2021年3月5日㈮17:02配信「キャンパスなんて狭い。オンラインで越境を」——「コロナ世代」の大学生に，上野千鶴子が伝えたいこと）

　上野名誉教授のこの言葉を解釈し，言い換えるならば，「未定年」のターゲットは，社会で定年を迎える前，すべての世代であるべきということです。20歳ぐらいから人生100年を見据えて行動せよ，と示唆されているのですから。

　筆者は，博報堂でCMプランナー・コピーライター・動画ディレクターを本職にしながら，非常勤講師として京都の大学でコピーライティングを教えています。大学生からは，コピー制作に関わることだけでなく，就職を中心とした将来設計に関する相談も多く受けます。このことを鑑みると，20歳ぐらいから，人生100年を考えて将来を設計することには，強く共感できます。大切な教え子たちに，20歳からの人生100年の計につながる学びを届けなければ，と。

　そこで，本書が取り上げる事例では40歳から59歳を「未定年」と定義しつつも，それ以下の幅広い世代の人が興味を持ち，参考に出来るような"人"にフォーカスを当てました。その方たちは，いずれも賞味せずにはいられない個性の滋味を抱え，「未定年」のロールモデルとなる生き方を，いち早く実践している実在の人物です。彼らにインタビューを行い，その精神性と生き方と行

動に興味を持って読んでもらえるよう，生き方を「図鑑」としてまとめました。さらに，多くの人が分かりやすくお手本にできることをめざし，それぞれの生き方にキャッチコピーを付けています。学生の就活相談に適切なアドバイスが出来るようにと取得した国家資格キャリアコンサルタントの視点も織り込んでいます。

　拙作を手に取って下さった「未定年」にとって，人生100年時代の参考書になるよう，かつ既に多くの方が著わした"キチンとした"定年後に向けた啓発やハウツー本とは異なる，クリエイターならではの「人生をクリエイティブする」スタンスで書き進めます。ちょっぴりの辛口トークも交えつつ。

Contents

博報堂シニアビジネスフォース流
未定年図鑑
～定年までの生き方コレクション～

第2章 「会社生活」を生きる未定年

第3章　キャリアコンサルタントが提案する「未定年」の生き方

第4章 セカンドライフ計画の具体的なヒントを得よう

　　この本は総勢27人の未定年，元・未定年を集め，A〜E，5つの生き方ジャンルに分けました。定年前の全世代が参考に出来る生き方を集めたので，最初から読んで頂くことが，もちろんお勧め。しかし，人生100年時代をどう生きるかの悩みに，少しでも早く答えを出したい方も多いはず。そこで「お悩みジャンル別索引」を作りました。お悩みの参考になる未定年ストーリーを読んだ後，後半のキャリアアドバイスのページにジャンプすると，悩みの霧から踏み出し「あなたの未定年」に一歩近づけるかもしれません。良かったらお試しください。

「お悩みジャンル別索引」

1.　「昔からの夢を叶えたい」人は…

　　第2章ジャンル **C**「迷える未定年」**16**，ジャンル **E**「会社生活をつなげる未定年」**27** を読んだ後　→　第4章【対談】**01**へ

2.　「生涯現役で働きたい」なら…

　　第1章ジャンル **A**「未来を変えたい未定年」**01**，**02** を読んだ後　→　第3章「キャリアコンサルタントが提案する未定年の生き方」**02**，**07**，**08**へ

3.　「早期退職を考え中」なら…

　　第2章ジャンル **D**「会社と別れた未定年」を読んだ後　→　第3章「キャリアコンサルタントが提案する未定年の生き方」**06**，**07**へ

4.　「シニアの転職成功例」を知りたいなら…

　　第2章ジャンル **E**「会社生活をつなげる未定年」**24**，**25** を読んだ後　→　第3章「キャリアコンサルタントが提案する未定年の生き方」**06**，**07**へ

5. 「思い切った方向転換」事例を知りたいなら…

第1章ジャンル **B**「勉強好き好き未定年」**10**，第2章ジャンル **D**「会社と別れた未定年」**17**を読んだ後　→　第3章「キャリアコンサルタントが提案する未定年の生き方」**03**，**05**，**06**へ

6. 「定年後に輝く人」をめざしたいなら…

第1章ジャンル **A**「未来を変えたい未定年」**01**，**02**，第2章ジャンル **D**「会社と別れた未定年」**19**を読んだ後　→　第3章「キャリアコンサルタントが提案する未定年の生き方」**06**，**07**，**08**へ

7. 「学びが必要」と考えるなら…

第1章ジャンル **A**「未来を変えたい未定年」**05**，ジャンル **B**「勉強好き好き未定年」**07**，**10**を読んだ後　→　第4章【対談】**01**，**02**へ

8. 「みんな悩んでるんだ」と安心したいなら…

第2章ジャンル **C**「迷える未定年」を読んだ後　→　第3章「キャリアコンサルタントが提案する未定年の生き方」**04**，**05**へ

9. 「未定年期，何をすれば良いか」分からないなら…

第2章ジャンル **C**「迷える未定年」を読んだ後　→　第3章「キャリアコンサルタントが提案する未定年の生き方」**07**へ

10. 「30代・40代だって未定年」と考えるなら…

第1章ジャンル **B**「勉強好き好き未定年」**08**，第2章ジャンル **C**「迷える未定年」**13**，ジャンル **E**「会社生活をつなげる未定年」**26**，**27**を読んだ後　→　第3章「キャリアコンサルタントが提案する未定年の生き方」**05**，**06**，**07**へ

第 **1** 章

「社会人大学院」を生きる未定年
なぜ未定年時代に「社会人大学院」なのか。

この章では，仕事を持ちながら社会人大学院で学んだ「未定年」を紹介します。

何をめざして大学院に入学したのか。

忙しく働きながら，なぜ夜間と週末の貴重な時間を学びに費やしたのか。

その魂の深さとパワーの数々に触れて下さい。

なぜ「社会人大学院」なのか

　「学び直し」，個人的に抵抗があります。社会人大学院に通うことを「学び直し」と，ざっくり括られると言い得てないと思うのです。「学び直し」は，定年後のセカンドライフのお勧めメニューとして，ボランティアと共によく目にする言葉です。「学び直し」を否定するつもりは断じてない。しかし，「学生時代の単位を取るための勉強とは違う，興味ある分野を深掘りしたい」というのは，ある種の贅沢であり，そことは全く異なるヒリヒリした切迫感，または今後の目標を背負いながら入学した社会人大学院生が少なからずいるのです。筆者は，その人たちを「今と未来を変えたい未定年」とジャンル化します。

　もうひとつの社会人大学院生ジャンルは「勉強好き好き未定年」。この人たちの勉強，「学び直し」とは似て非なるものです。学生時代の学びが「足りなかった」と意識して勉強し直すことが「学び直し」とすれば，「勉強好き好き未定年」は過去の学びに飽き足りないということは全くない。純粋に「学び続けたい」だから大学卒だけでは満足せず，「ずっと大学院に行きたい」と思っていたのです。えらいなぁ，「勉強が好き」と心から言えて，一生勉強し続けるなんて。

　筆者も「今と未来を変えたい未定年」です。筆者は，大阪市立大学大学院（現・大阪公立大学大学院）都市経営研究科・都市行政コースという社会人大学院に入学した時，高校時代からの友人に「生きがいを見つけたね」と軽やかに言われました。その時「絶交や！」と思うほど，腹が立った。生きがいじゃないってば！　100年時代の人生を自力で創るためだってば！　友人は，セカンドライフ・セミナーにどっぷりハマっていました。セミナーで出てくるキーワード「生きがい」づくりに，自分も取り組もうと思っている，だから，「生きがいを見つけたね」に他意も悪意もありません。しかし，「生きがい」という言葉にも「学び直し」と同じ贅沢感が漂います。なぜ贅沢かと言うと，「生きがい探し」も「学び直し」も，行わずとも最低限生きていけるからです。そんな贅沢と同じにされた安直さに立腹したのです。友達なので，そこは遠慮な

く。

　筆者は，仕事と並行して大学院の講義やレポートに追われながら，同期の生きざまや精神性を観察し続けました。「勉強型未定年」は，なぜ社会人大学院に足を踏み入れたのか。何を目的にして，ここに来たのか。

　結論から述べると，それは，職場や人生においてなにがしかの「壁」と向き合っているからでした。「壁」に心をつぶされないよう，駆け込んだ先が社会人大学院でした。筆者もその中の一人です。

　作家の五木寛之先生は著書『人間の覚悟』（新潮新書/2008年）で「下山する人生」を説き，50歳からは「自分の生きたいように生き，できれば自分のために働くのはやめて，無償でも人のためになることをする」よう説いておられます。

　しかし，この考え方はうまく使わないと，人生100年時代とは丁合が取れないのではないでしょうか。そもそも50歳は，まだまだ働かないとならない。下山しつつも，次の山に向かっていく。高い壁を乗り越えていく。そんな強さとしなやかさを持たなければ，人生100年時代を無事に過ごせないと思います。うーん，しんどい。

　でもやっぱり，コロナと長寿化の加速により時代は変わり，50代で下山する人生はリスクになりました。消化試合のように，残りの会社生活を消費する先輩方をたくさん見てきましたが，ゆるゆると過ごす日々は，30・40代でしゃかりきにご奉公してきたことへのご褒美として甘受して良かったかもしれません，平成の頃までは。

　50代の下山がリスクになる時代背景はもうひとつ生まれています。国が推進する「70歳定年」です。新しい時代背景の中，強い向かい風に斬りこみ，社会人大学院に踏み出した「今と未来を変えたい未定年」と，時代がどう変わろうと揺るがない「勉強好き好き未定年」，この2つのジャンルに分けて「未定年」の大学院生を紹介します。

01

「人生100年にひるんだ」管理職未定年。

藤本慎也さん（仮名・会社管理職54歳）

 医学も進歩してるし，100歳まで生きる可能性，考えとこうよ！

 未定年プロフィール

放送局に勤務しながら，社会人大学院で学ぶ。修士課程修了後，博士課程に進学。エリートの座に甘んじること全くなく，人生100年への不安が藤本さんをさらなる学びへとかき立てる。

定年後の先輩を見て思ったこと

「孫と遊んでいます，という年賀状見て違うなと思ったんだよ。この人，すごく攻めてたのに，定年後はこうなるんだ」そんな未来につながりたくないと強く思った藤本さんは，有名な放送局に勤務しています。しかし40歳を過ぎた10年前から，ぼんやりとした危機感を持ちはじめたそうです。このままだとやばい，自分も年賀状の先輩のように，ぬれ落ち葉になるのかと。

50歳を迎えた時，その気持ちはいよいよ切迫感を持ちます。人生100年という言葉はすでに世の中に出ていて，「今やっている仕事の延長で50年生きていく自信がなかった」と強く思ったそうです。放送局で得たことと合わせて，倍のスキルを身につけないと，とても100年生きていけない，人生100年時代をサバイブできない，と。

「100年生きる燃料」を得るために

そんなヒリヒリした思いを抱いていた藤本さんは，異動により仕事の繁忙がゆるんだときに社会人大学院に入学します。筆者と同じ大阪市立大学大学院の都市経営研究科です。藤本さん，51歳。無事に2年間で修士論文を仕上げ，都市経営の修士を取りました。しかし，藤本さんはさらなる高みをめざします。博士課程への進学です。そのためのエネルギーの注ぎ方が藤本さんはすごい。

博士課程においては，英語が絶対に必要となると知り，藤本さんは半年TOEICの学校に通ったそうです。その結果，文系博士課程で必要とされるスコア730点をクリアしました。修士課程で学びながら，英語も勉強し，TOEICを受験したのはすごいことです。

続いて藤本さんは，博士課程受験において内部進学ではなく，さらなる高みをめざして他大学大学院を受験します。残念ながら不合格になりましたが，そこであきらめないのが藤本さんです。9月入学の大学院を探し，師事できる教授を見つけ，面識がないことを物ともせず，メールを送って受け入れを打診しました。博士課程の受験は，学校を選ぶよりも，自分の研究テーマとマッチン

「未来を変えたい未定年」

グする先生を探し，事前に相談することが大切だそうです。

　そうして，藤本さんはみごと国立大学大学院の博士課程に合格しました。働きながら掴んだ54歳の快挙です。「100年生きる燃料」を得るために，博士課程に進んだ，と藤本さんは言います。修士課程は2年ですが，博士課程は3年でカリキュラムが組まれます。しかし，「3年で博士号取るのは無理」と言います。博士課程は，とにかく論文を書くこと。それが学会で認められて公表されることが求められます。そして，さらに修了のための博士論文を書き上げなければなりません。

　博士課程の道程を，坂の上の雲ならぬ「坂の上の坂」と呼ぶそうです。藤本さんが「坂の上の坂」を昇りきるのに何年かかるか分かりません。しかし，「坂の上の坂」を昇りながら見る景色は，修士課程とは違う格別なものがきっとあることでしょう。職場の人間関係とは違う出会いやご縁が，藤本さんを新たな道へとつないでくれる，そんな期待もふくらみます。

今いる場所の未来を盤石と考えず，行動すること

　さて，藤本さんをここまでかき立てるものは何でしょうか。「俺，100歳まで生きそうだから」と笑いますが，放送局という人気企業に勤めながら，安閑とせず未来を不安視して，努力を重ねる「未定年」の姿です。

　垂涎の有名企業，でも未来は決して盤石ではないと思われる企業に属する50代は大きく2通りだと思います。ひとつは「自分の定年まで会社が持ってくれればいいや」と考える人。今日と同じ明日が続けばよし。そして，もうひとつは「何らかの努力」をする人。筆者が「未定年」として敬意を覚えるのは，もちろん後者，「何らかの努力」をする人です。

　さらにその努力も2通りで，定年再雇用でもしっかり役割を果たせるよう「会社の未来と自分のために努力」をする。もうひとつは，藤本さんのように「未来へつながる違う場所を見つけて努力」することです。働きながら学ぶ社会人大学院は，職場とは異なる知見と人間関係が得られ，未来へつながる場所と言えるはずです。

藤本さんは，「倍のスキル」を得なければ，と言いました。それは今までのキャリアを土台にした「つながるスキル」の装着とも言えるのではないでしょうか。藤本さんが博士課程で研究しているのは，ヒューマンライフデザイン領域。魅力的な生き方や社会を創生することをめざすそうです。それには，放送局で得たスキル，修士を取った都市経営というジャンルともつながるストーリーが想像できます。新しいことを始めるのも良しですが，今までの自分を否定せず発展させる，そんな「未定年」スタイルもあるということです。

┌─ **未定年の生き方01** ─────────────────┐

今いる場所への不安から始めてみよう。

└──────────────────────────────┘

02

手に職を「太らせる」技術者未定年。

信藤勇一さん（建築士59歳）

 「未定年」時代，何かのテーマで先駆者をめざすって，どうでしょう？

未定年プロフィール

一級建築士でヘリテージマネージャーという文化遺産を保護・活用する資格を持つ。手に職で，もう十分だと思うが，さらに社会人大学院で修士を取ったのはなぜか，は本文で。

すでに持っている資格をアップデート

ヘリテージマネージャーという言葉，聞かれたことはありますか？ 筆者は，大学院の先輩である信藤さんと知り合って初めて教わりました。ヘリテージ（heritage）とは，文化遺産を継承・伝承していくこと。ヘリテージマネージャーとは，文化財建造物を後世に残して活かす協力を行う人で，「歴史的文化遺産活用推進員（ヘリテージマネージャー）」と表記されることもあるようです。

ひょうごヘリテージ機構のホームページには，以下のような記述で，ヘリテージマネージャーが紹介されています。

> 阪神・淡路大震災の教訓から，1996年に文化財保護法が改正され文化財の裾野を広げる登録文化財制度が創設されました。兵庫県ではその制度を支える人材が必要と考え，2001年度に教育委員会と建築士会が連携して「兵庫県ヘリテージマネージャー養成講習会」を開講しました。そのとき，ヘリテージマネージャーとは「地域に眠る歴史的文化遺産を発見し，保存し，活用し，まちづくりに活かす能力を持った人材」と定義されました。
>
> （引用：ひょうごヘリテージ機構ホームページ　初代代表世話人沢田伸）

つまり勝手に名乗ってはいけないし，ヘリテージマネージャーを名乗るには，都道府県の建築士会等が主催する「ヘリテージマネージャー養成講座」を受講する必要がある。しかも，文化財建造物に関する深い知見や資料作成の能力が必要だそうです。信藤さんは，このヘリテージマネージャーの資格を持つ一級建築士で，大手建設会社でビル設計などを手掛ける専門職です。

建築士という手に職を持っていながら，ヘリテージマネージャーという資格を取る。資格試験はないとは言え，働きながらヘリテージマネージャー養成講座（講義10回，大阪は60時間）を全て受講するのは大変だったと思います。ここまででキャリアプラン的に十分，すでに持っている資格をアップデートしているわけですが，信藤さんはさらに建築士という資格を「太らせる」のです。55歳で筆者と同じ，大阪市立大学大学院都市経営研究科に入学されます。

キャリア戦略をたてる時，必要なのは「大志」

　信藤さんは無事に規定の2年で修士課程を修了されました。修士論文は「歴史文化遺産活用とまちづくりに貢献するヘリテージマネージャー職能からの考察—文化財保存と活用の価値観点から—」というタイトルで，8万字に及ぶ大作です。筆者は，先輩である信藤さんの修士論文を拝読し，自分の修士論文に必要な学びをたくさん得ることができました。文化財の価値を「言語化」し「数値化」した書籍は見たことがなかったし，さらに数値化したものを「レーダーチャート化」して文化財の素人にも見やすく表現されている。この「見やすく」という視点はさすが建築士だと感銘を受けたものです。

　しかし，キャリアコンサルタントの立場から，信藤さんの修士論文を俯瞰すると，別のものが見えてきます。それは文化財を後世に残そう，世の中に役立つものとして残そうという「大志」です。筆者の想像ですが，信藤さんは建築士として長年，新しい建物を設計し社会に送り出す日々の中で，古い建造物の価値，そして欧州のように建物を長く使う精神性に目覚めたのではないでしょうか。ひいては，歴史文化遺産の建造物に対するロマンチシズムに寄り添うのではなく，「文化遺産の歴史的価値と経済的価値は両立するのか」という今日の日本社会に求められることと向き合った。それは，社会と会社の経済活動と伴走せざるを得ない会社員としての歩みが合わさった視点だと思います。

　信藤さんは仕事をしながら，ヘリテージマネージャーの資格を，続いて都市経営修士を取るという，しんどさに身を投じた理由について「定年後は個人事業主として長く働きたいから」というセカンドキャリアの展望を語ってくれました。そのために必要なことを粛々と行っている，と。しかし，ご自身で自覚をされていないかもしれませんが，歴史文化遺産を社会に役立つものとして再生させようという「大志」がなければ，キャリア戦略をたてても頓挫していたかもしれません。筆者の周りにもいます。社会人大学院に2年間通い，修士論文を書き上げるのは，強い意志があっても仕事や家族の事情により，物理的に続けられないことは珍しくありません。筆者も「これは続かないかもしれな

い」と何度もあきらめかけました。物理的な事情を乗り越えるためには，キャリア戦略プラス「大志」が必要。「大志」は，「定年後も長く働きたい」という「目標」とは少し異なり，世の中に自分が果たせる役割を意識し，燃やし続けるものだと思います。「目標」に加えて「大志」の有無がキャリア戦略における行動と目標達成を左右するのではないでしょうか。

ライバルと「差別化」して労働市場で生き残る

さて「大志」を燃やす信藤さんのキャリア戦略は，修士取得で終わりません。修士課程のさらに上，博士課程へ迷うことなく進みます。57歳で芸大の博士課程に合格されたのです。博士課程は最速でも修了するまでに3年間はかかります。それまでの大学院は職場から近く，通いやすい場所にありましたが，芸大は遠方で修士以上に大変です。ご家族の理解もよく得られたことと思います。

さらなる高いハードルを掲げて向かっていく原動力，「大志」と「目標」以外の原動力が信藤さんにはあるはず。それはライバルとの「差別化」です。建築士の肩書を持つ人は，世の中に大勢います。定年退職後，事務所を立ち上げる人も多くいます。そのライバルとの差別化を図ることが，定年後も長く仕事をする必然になり，信藤さんを博士課程へと突き動かす原動力となっているのではないでしょうか。信藤さんは修士論文で「歴史文化遺産に関わる建築士のみの解釈より，多様な職業や職能の幅の方が，はるかに広い」と述べています。建築士に加えて，ヘリテージマネージャーの資格を取り，修士，博士へとアップデートさせる。建築士という資格を「太らせる」意味がここにありました。

信藤さんのように，資格やスキルを「太らせる」ことが，数多のライバルとの「差別化」につながります。「差別化」の先には，労働市場の中で「選ばれる」自分が待っているはずです。

┌─ 未定年の生き方02 ─
│ アップデートできる資格やスキルはないか，考えよう。
└──────────────

03

ジャンルA「未来を変えたい未定年」

「やりたいこと」の炎を吐く怪獣未定年。

元木和久さん（仮名・中学教師52歳）

 夢につながるやりたいことを「未定年」のうちにできるといいね！

未定年プロフィール

 中学校で英語を教えながら，社会人大学院で学ぶ。いま教育現場は激務なはずだが，学費のモトを取るように講義を取りまくる。それは理想の学校を作るという夢に続くのだーっ，という話は本文で。

「正しいこと」と思う何かを譲らない

「クラウドファンディングで新しい学校を作りたい」。元木さんは，修士論文の中間発表で大真面目にそう切り出しました。うーむ，また突拍子もないことを言う，が正直な第一感でした。この変わり者「未定年」に関する３つのエピソードを紹介しつつ，そこから何をお手本にできるかを導き，キャッチコピーを付けていきます。

元木さんは，関西のある地で英語の中学教師を務めます。入学当時は50歳でした。授業と担任を持ちながら，２時間近くかけて，大阪の大学院に通う強者。さらに「同じ授業料払うんやから，授業いっぱい取らな損やん」と言って，木曜・金曜・土曜の通学で単位が取れるところ，火曜も加えて授業を取っていました。そんな元木さんを筆者は「勉強怪獣」と心の中で呼んでいました。本人に対しては「趣味が勉強なんて，変わっていますね」と言い換えつつ。

元木さんは，行動も発言も考え方もいちいち変わっていました。考え方のモットーは「正しいことを譲らない」ですが，それは必ずしも周囲に受け入れられるとは限りません。授業やその他の場面で，「譲らない正しい意見」を爆発させることがあります。相手がある場合は論争になりますが，先生であっても緩めることはありません。

例えば，生活困窮者支援に関する授業のレポート発表で，生活保護など行政の支援を受けるべき人たちを「放置する」必要性を説きました。行政やNPOなどセーフティーネットの網の外で生きるべし，という考え方です。理由は大きく２つあって，ひとつは仮にある人が生活保護を申請することで，家族だった人に迷惑が及ぶということ。「（ご両親は離婚しているが）父親だった人が生活保護を申請しているが，あなたには扶養義務がある。いくら援助できますか」という問い合わせが子供にくるそうです。もうひとつは，過去を隠して生きている日雇い労働者たちは，行政が関わってくることを嫌うということ。テント村や反社会勢力による就業斡旋は黙認せよ，ということも含まれます。

その考えは，実際のエピソードに紐づいていて，個人的には目からウロコの

納得感があったのですが，先生とは意見がぶつかりました。「では道で死にそうな人がいても，放置するのですか？」と，先生が詰め寄ると「仕方ありません」と元木さんは静かに答えました。どこまでも自説を曲げない，譲らない。この姿勢には，瞬時に頭が回らず「ですよねー」とすぐに屈してしまう筆者には凛々しく映りました。先生との対立も辞さないこの状況を，同期の我々はこっそり「元木砲」と呼んでいました。

「やりたいこと」をあきらめない

そんな過激な元木さんですが，院生会のコース代表，つまり学級委員を引き受けてくれました。男女1名ずつの選出が必要とのことで，女性はコースに2人しかいないため，しぶしぶ筆者が引き受けました。つまり元木さんの相方になったわけです。

院生会の役割は，年に1回，11月3日の文化の日に行うホームカミングデーという行事の運営が主となります。中身は，都市経営科の4コースを紹介する教室展示や先生と院生代表による公開討論会，「まち歩き」という先生のお話を聞きながら，ある地域を散歩するイベントです。ホームカミングデーという名の通り，OB・OGの参加も自由です。

このホームカミングデーの企画会議で「元木砲」が炸裂しました。慣例的にですが，まち歩きは我々とは異なるコースの先生が案内役に立って，地域のトレンドや歴史について話を聞きながら，ぶらぶらと散策するという行事です。院生会でもその慣例を踏襲する流れで話が進みました。

しかし，ここで「元木砲」の炸裂です。まち歩きを「うちのコースの先生でやらせてほしい」というのです。剣幕とも呼べる，その強い勢いに，一同静まり返り，院生会会長も「別にいいですけど」と言うしかありませんでした。院生会会長は，ベンチャービジネスを手掛ける，やり手の女性で気が強い仕切り屋でした。一瞬たじろいだものの，すぐに形勢を取り戻し，「そちらのコースにまち歩きを案内できる先生はいるんですか？」と来ました。「もちろん，います」「では，その先生に引き受けて頂く交渉はしてもらえるんですか」「もち

ろん，やります」という，ハブとマングースのようなやりとりの末，我がコースのＴ先生をまち歩きの案内役として担ぎ出しました。Ｔ先生は東京生まれの東京育ち，大学まで東京，おまけにご専門は政治学で，大阪で行うまち歩きの解説には不向きだったと思います。謙虚なＴ先生も「私でいいんですか」と思われたことでしょう。しかし，元木さんはＴ先生とのまち歩き企画を譲らなかった。どこを歩くか，何時にどの場所を通過するかというコース設定まで一人で練り上げ，おかげで我々は日帰りツアーの参加者のように，何の準備もなくぞろぞろと楽しく歩くだけで済みました。まち歩きの解説者は，やたら雑学に詳しい，同じコースの院生に依頼しました。

叶えたい未来へ自分をつなぐ実行力

後で元木さんに聞くと「Ｔ先生とまち歩きして，その後，一緒に飲みたかった」という，実は個人的かつ単純な理由でした。しかし，「こうしたい」と思ったことを最後まであきらめず実行する姿勢。そして，怪獣がガオーッとまっすぐ炎を吐くように迷いなく行動に移し実現させる行動力。このスタンスを「未定年」が少しでも見習うと，色とりどりな未来につながるのではないでしょうか。荒唐無稽な「こうしたい」は無意味だとしても，逡巡せず「70歳まで働くために，いま○○する」なら，実現できるのではないでしょうか。

元木さんの夢は「新しい理想の学校を作る」と，なんとも壮大ですが，持ち前の「こうしたい」実現力で叶えてくれるだろう，と筆者は期待しています。

┌─ 未定年の生き方03 ─────────────────┐
「こうしたい」を，動かしてみよう。
└──────────────────────────────────┘

04

「不満をバネに」する戦闘型未定年。

正口義男さん（仮名・会社員47歳）

 俺は仕事と心中しないぞ!!　新しい何かを掴むんじゃい!!

 未定年プロフィール

食品メーカーで働く会社員。ありがちな不満を抱きながら，しかし不満をぶっ飛ばし，社会人大学院という学びの世界へ飛び込む。仕事と心中することない生き方をぜひ本文で感じてほしい。

他人にも自分にも厳しい人が考えていたこと

　正□さんは，聞けば誰でも知っている食品メーカーに勤務する会社員です。講義をさぼらない上に，なかなか引き受け手がいない院生会会長を務めてくれました。それも名ばかりではなく，ホームカミングデーや懇親会などの企画や連絡など細かい仕事を率先して動かしてくれました。コースの垣根を越えて，医療・福祉など畑違いの職業の人たちと交流を持ち，行事を楽しめたのは，ひとえに正□さんのおかげです。

　仕事におけるピークを越えて，一通りのことが出来る，分かるようになった年齢になり「仕事だけやっているのもどうかと思って」，社会人大学院に入学したそうです。向上心を持ち続けて，どこに行ってもやっていける自分になるようアップデートしたいという志，すごいと思います。

　しかし，このように自分に厳しい人は他人にも厳しい。院生会や飲み会で，辛□な意見をバシバシ放つ正□さんのことを「反論マシン」と心の中であだ名を付けていました。人間の好き嫌いも激しいから，誰かの批判もズケズケ言う。しかし，そんな正□さんに心酔している同期もいて，正□さんが誰かに対して吠えるたび「ディスってるんじゃないです」とフォローしていました。逆に正□さんがいる飲み会には顔を出さない人も現れました。

　こんな人となりですから，正□さんは，おそらく職場でも敵が多いと思います。そのため能力がある人なのに，思うように出世も出来ず，上に媚びるのがうまいだけで出世していく奴が跋扈する，そんな会社に不満を抱えているように想像します。

不満を我慢するだけで，良いのでしょうか？

　不満を抱えながらも，生活のために我慢して日々を重ねる。そんな人はきっと多いと思います。養う家族がいれば当然そうすることでしょう。我慢を否定するつもりはありません。しかし，時代が変わってきた。人生100年時代と提言されるようになり，好むと好まざるとに関わらず，100歳とまではいかなく

とも，親の世代より長生きする可能性は高いのです。

正口さんは**不満を我慢するだけでは飽き足りなかった。仕事人生のピークを過ぎたことで浮いた時間を，自分をアップデートしよう**と考え，社会人大学院の扉をたたきました。ここが，不満を我慢するだけの人たちとは異なる，正口さんの素晴らしさだと思います。未定年みんなが見習いたい。人生100年時代を迎えたことで，昔より長くなった人生をどう生きるかを考えて，今をどう生きるか。

それは，もちろん大学院でなくても構わなくて，老後までのライフプランを考えた上で，今やるべきことを逆算して考えれば良いでしょう。

例えば，70歳まで働きたいと思ったら，人手不足で困っている福祉現場で働くことを視野に入れて，頭が働く今のうちに介護ヘルパーの資格を取る。趣味で続けてきたピアノやフラワーアレンジメントを教えられるレベルに引き上げておこう。このように**プランをたてて，今やるべきことを実行すると，不満を我慢するだけの日々とは違ってくる**はずです。日々，**自分が成長していくことを体感できれば，職場における気の持ちようも変わってくる**と思います。

「仕事だけやっているのもどうかと思って」を刷り込もう

プランをたてて，今やるべきことを実行する。その構造を言葉にすれば単純ですが，老後までの道のりをどう過ごすのか。道のりの中身を具体的に埋めるのはなかなか難しい。特に，さしたる趣味も持たずに仕事一筋に頑張ってきた人は，ライフプランなど，簡単には思いつかないことでしょう。

ライフプランの簡単な作り方は，後の章で提案しますが，ここでは正口イズムを頭と心に刷り込みましょう。その呪文は「仕事だけやっているのもどうかと思って」です。「未定年」は，日々の仕事に追われがちです。日々の仕事を安全にこなすことに，頭も心も持っていかれる。しかし，人生100年時代において，それは危険です。会社からは喜ばれるでしょう。会社のためだけに頭と心を費やすことは。しかし，その平凡すぎる罠にはまってはいけない。**「仕事だけやっているのもどうか」と立ち止まってほしいのです。「仕事だけやって**

いる」自分で良いのか。そのスタンスは，未来の自分を助けてくれるのか。

　ちなみに正□さんは大学院で「良い成績をとること，良い論文を仕上げることはめざしていない」と言い切りました。自分とは畑違いのいろんな職種の人と交流を持ち，人脈を広げることを一番にしている，と。この考えも「未定年」は見習いたいです。新たな人脈により，仕事に占拠され続けてきた頭の中が刷新されるはずだし，セカンドキャリアが生まれる可能性もあるでしょう。そう言えば，コロナ禍のオンライン飲み会，すべての参加者が盛り上がるのは難しく，やっぱりリアルが一番なんて言う人もいるけど，正□さんはイキイキしていた。どんな状況に置かれてもポジティブに取り組むこと，見習いたいです。不満だらけの職場環境でさえも。

┌─ 未定年の生き方04 ─────────────────┐
│ 「仕事だけでいいのか」と考えて，別の何かを行動する。 │
└────────────────────────────────┘

05

「苦手に立ち向かう」勉強不得意未定年。

吉高友伸さん（仮名・市議会議員42歳）

苦手な勉強，しんどいけれど，新しい自分が待ってるはず！

未定年プロフィール

某・地方自治体の市議会議員。地元のために休日も休みなく働く一方，社会人大学院で学ぶ。本当は苦手なはずの勉強に，なぜ向き合うのかは本文で。

20

想像以上に忙しい地方自治体の市議会議員

　筆者が通っていた都市経営研究科には議員さんが毎年何人か入学しています。維新の会と自民党の議員がクラスメイトになり激論を戦わす，なんて場面もあって面白かった。

　吉高さんは，そんな議員院生の一人です。関西の地方自治体で市議会議員を務めながら，社会人大学院に通っていました。都心からかなり離れた地元にしっかり根を張って活動しているので，通学には山を川を越えて大阪市内まで片道2時間近くかかります。木・金・土の週3回，18時30分からの授業に間に合わせるため，仕事の調整はさぞかし大変だったことでしょう。筆者は職場から急ぎ足で徒歩10分のところに大学院があったので，吉高さんと比べるとはるかに楽でしたが，それでも時間のやりくりは業務との戦いで苦しかった。

　吉高さんと仲間になり，市議会議員を間近に見て初めて分かったことですが，この仕事を真面目にやると休日は全くありません。土日は地元の行事に駆り出されます。花火大会や盆踊りに顔を出すことは「どうせ売名行為でしょ」と片付けるのは簡単ですが，それで毎週土日がつぶれることを思うと，がんばってるなあと素直に受け取って良いのではないでしょうか。

　コロナ禍で閉店を余儀なくされた地元の飲食店によるお弁当を販売する「buylocal」というイベントを知り，寒い2月の日曜日に駆け付けたことがあります。まさかと思いましたが，その会場で吉高さんは駐車場でもくもくと車の誘導をしていました。声を掛けると「わざわざありがとう。お弁当，かなり売れて残り少なくなってごめん」と早口で謝り，すぐに車の誘導作業に戻りました。マスク姿で誰だか分かりにくいし，選挙対策だけでは，激寒の中この日の仕事は全うできないはず。残り少ないお弁当の中から，地元産の野菜で作られたカレーを買い求め家で食しながら，「この激務をがんばりながら，社会人大学院に通う吉高さんの内面はどんな風景なのか」を考えました。

どう見ても勉強が苦手なのに，なぜ社会人大学院に？

　講義の最中，吉高さんのイビキが聞こえることがあります。先生は苦笑い。休みのない日々を送りながらの通学ですから無理もないと思いますが，苦手な課目だったり，そもそも勉強が不得意だと講義中は眠くなるものです。おそらく本人は「勉強もレポート書くのもしんどい」と自覚していたことでしょう。それでもいつも一番前に座っているのが不思議でした。

　「これなら身を削って大学院に通わなくてもいいのに」と思ったこともあります。吉高さんの2期目を賭けた選挙です。3月お彼岸の日曜日，朝8時から出陣式が行われました。当日は雨の予報だったので「人の集まりは少ないだろう」と想像しましたが，YouTubeに上がった出陣式の動画は，拍手を送るたくさんの人の山。予報通りの雨，開きかけた桜も凍えるような寒の戻りの中，しっかり開いていたのは傘の花でした。雨の日曜日でも，こんなに人が集まるとは。会場の公民館内では20帖ほどの部屋で中高年の人々が黙々と手を動かしてくれたそうです。ポスターに選挙管理委員会の認証シールを貼る追い込み作業。筆者は「いくら友人でもそんな地味な作業を手伝うのはイヤだな」と話を聞いて思いましたが，大勢の人たちが純粋に吉高さんを応援している。動画には地元の同級生も大勢映っていました。選挙事務所を仕切っているのも同級生とのこと。吉高さんは高校時代，応援団長でしたが，その絆が今も強く続いている。しかし絆だけでは応援は得られません。吉高さんの人徳あってのことでしょう。

　その結果，吉高さんは2期目を見事トップ当選。この地に生まれ，この地で学び，この地の発展のために心を力を込める人。そんな人を選挙民は決して見逃しはしないのです。当選できたのに，苦労の上塗りになる大学院に通うのはなぜ？　本当のところは結局本人にしか分かりません。

苦手なことを頑張ることで，道が開ける

　選挙に強い，でも勉強には弱そうな吉高さんがなぜ大学院に入学したのか。

その理由は「未定年」の皆さんにはどちらでも良いことです。それより注目してほしいことは、「苦手なことに取り組む姿勢」です。40歳過ぎて苦手なことをやる。言葉にすれば単純ですが、実行するのは難しい。後述するベストセラーの『LIFE SHIFT』に登場するリ・クリエイション（再創造）では、人生100年時代においては常に自分をアップデートする必要性を説いています。勉強が苦手な吉高さんが『LIFE SHIFT』を読んだとは思えませんが、読まずに実践している。しかもその中身は「苦手なこと」です。

　もしかすると筆者の想像ではありますが、吉高さんは、ゆくゆくは市長選あるいは国政も視野に入れているのかもしれません。それが激務の傍ら大学院入学の理由だったかもしれない。自分が描く市長像にふさわしい自分になるための決意。苦手なこと、苦しいことから逃げないためには、なぜその苦労を背負うのか、理由や目的が紐づくことでしょう。しかし、理由や目的があったとしても、人間は弱いもので、苦労を避けて通るものです。まして吉高さんの場合、客観的に見て大学院に行かなくても、さらに上をめざす選挙を戦う実力は蓄えられると思います。そんな中、勉強という「苦手なこと」にチャレンジした。同じようには出来なくても、この姿勢は「未定年」の参考になると思います。

┌─ 未定年の生き方05 ─────────────────────
　理由や目的を定めたら、苦手なことでもチャレンジする。
└──────────────────────────────────────

　ACジャパン（旧・公共広告機構）のCMに若宮正子さん（87歳）が登場している。81歳で初めて作ったゲームアプリが世界に認められ，その後は国連でのスピーチや講演会で大活躍という。若宮さんは「ほんとに人生はわかりませんね。だから，自分の未来にフタをしちゃいけないと思いますね」とCMのナレーションでそう語る。とにかくバッターボックスに立ってみよう，そしたら当たるかもしれない，という呼びかけもある。

　若宮さんにもこの広告にも，全く異論はない。良いことを言ってもらったなあ，と思う。「何歳からでも人は変われる」というキャッチコピー，力をもらえる。筆者は理想の自分になれなかったけれど，結論を出すのはまだ早い，と新たな闘志を燃やし始めた。

　でもね，何かモヤモヤした気持ちが残る。たぶん理由は「若宮さんは，そもそも頭が良くて，ベースになる才能に恵まれていたのでは？」という勘ぐりと嫉妬のせいだ。どうしても，そこに行きついてしまう。並みの能力しかない，と自覚する筆者を含めた大多数の人は同じことを思うのではないだろうか。「いやいや，そんなことはないよ。意欲と努力は持って生まれた能力を上回る」と誰か言ってほしい。ま，こんな風に意欲と努力に保証書を欲しがる時点で，自分の未来にフタをしているのかも。そして，若宮さんのような成果をどこかで望んでいるのかもしれない。成果を期待すると，バッターボックスはいよいよ遠ざかり，「未定年」時代をボンヤリ過ごしてしまうことになる。

　そうならないためには，能力や成果を気にせず，無心に「これやりたい」と向き合うべし，ということか。「これやりたい」がなければ，探すことから始める，ということか。単に「未来を変えたい」だけでは概念倒れで何も動かない。人生100年時代，定年後の長い日々をどう生き抜くかは，「これやりたい欲」の有無にかかっているようだ。

【あなたの「これやりたい」は何!?】

☑が付いた「これやりたい」のバッターボックスに立ってみては??

□ 子ども時代にやっていたスポーツを，またやってみたい。

□ 子ども時代にやっていたお稽古を復活させたい。

□ 子どもの頃に憧れていた職業にチャレンジしたい。

□ 描く・作る芸術にチャレンジしたい。

□ デジタル領域の勉強をして，自分のホームページを作りたい。

□ 自分が作った動画をユーチューブやインスタグラムで配信したい。

□ いまの仕事で叶えたいことを始めたい。

□ その他

06

ジャンルB「勉強好き好き未定年」

数々の社会課題の間で「さまよう」千手観音未定年。

森幸子さん（仮名・公務員52歳）

 興味が多すぎる「未定年」時代。勉強しまくるのはいかが？

未定年プロフィール

 興味のジャンルがとんでもなく多い公務員の社会人大学院生。単位は誰よりも多く取り，いつも「レポートが」とあくせくしている。もう少し絞れば良いと思うが，芯から勉強好きだから，これで良いかも。

「単位を売りに行くのか」と言われるほどに

「都市行政コース」は，その名の通り公務員・地方議員が多く在席します。民間企業で働くのは，私を含めて12人中たった2人でした。さらに私の場合，広告会社のCMプランナーで珍種扱いでした。

しかし，本質的に珍種なのはこの人，勉強大好き「単位コレクター」森さんです。大阪市立大学大学院は，土曜+平日2日で単位が取れて，修了できることも売りにしていますが，森さんは平日をプラス1日で週4日，講義を受けていました。森さんは49歳で入学し，手を離れたとは言え，高校生と大学生，2人の子を持つ母親です。国家公務員として働き，大学院に通いながら家庭生活を切り盛りしているのです。

しかし，森さんの好奇心は勉強だけに留まりません。季節里親として，夏休みなど長期休暇に児童養護施設の子どもを預かっています。海外からの留学生を預かるホストマザーも務めているそうです。デンマーク・カナダの留学生を自宅に泊めるわけだから，「英語ペラペラでしょ？」と聞くと，「全然」と笑いますが。好奇心が旺盛すぎる，その姿はまるで千手観音のようで，たくさんの手を持ち，多くのことに手を染めていきます。

「お母さん，いつ寝てるの？　と子どもに言われます」と笑っていたが，千手観音ロボは無理をしているのではなく，そうしなければ生きていけないような何かを感じさせました。

社会に貢献し，社会課題を解決したい思いの理由

ここからは，筆者の妄想になります。森さんが千手観音のように，色々なことに手を出す。その理由は，森さんの話によく出てくるお姉さんとお父さんの存在ではないか。森さんは入学時，新入生総代の挨拶をしました。その長い話の中で，「父は○○会社に勤務し，」というくだりがありました。お父さんがエリートだった，という話ですが，いい歳をした社会人大学院生の入学決意スピーチに，立派な親の話が出てくることに違和感を覚えました。お姉さんも

「とても敵わない」優秀な人だそうです。自慢の家族だけれど，森さんにコンプレックスを感じさせる存在ではないか。この二人に，何かで追いつきたい。その気持ちが森さんを勉強や里親にかき立てるのではないでしょうか。社会に貢献し，何かの社会課題を解決する人になりたい。そして敵わない父や母を見返したい。屈折はしていますが，こんな未定年の生き方もあるということです。

「さまよう」のメリットとは

　森さんは，職場での自分の立ち位置に飽き足りない様子でもありました。「なぜ大学院に入ったの？　職場でのキャリアアップ？」という問いに対して「ここに来ることがキャリアアップだ」と答えました。そして具体的には，できれば仕事を辞めて，大学で何かを教えたいそうです。「何を教えたいの？」と訊ねると「色々興味があって，地方創生とか・・・」と明確でない答えが返ってきます。「専門領域の公務員なんだから，その延長線のことがいいんと違うの？」「うん，まぁそうなんだけど，30年もやって飽きたというか・・・」と不明瞭な答えです。そうか，千手観音ロボのように，興味の軸が多すぎると，こんな風に方向が定められなくなるんだ，あれこれ手出しながら，さまよっているんだと気づきます。好奇心旺盛すぎるのも大変そうだなあ，と。

　しかし，森さんのように「さまよう」のもアリではないでしょうか。森さんは，大学院，地方創生のグループワーク，里親，ホームステイの受け入れなど，さまざまなジャンルの社会課題とつながり，どこかで役立つ自分になろうとしています。その「さまよい」は手あたり次第すぎて，「未定年」の今はゴールが見えません。ですが，「さまよう」結果，手に入れられるものがあります。それは，さまざまなご縁です。

　「未定年」期において，ご縁を醸成することは大切です。セカンドキャリアにつながるご縁，セカンドライフで孤独に陥らないためのご縁。得られるものは未知数ですが，森さんがめざす道がいつか見つかるのではないか。色んな土地に種を蒔いておけば，その中から芽を出す土地がひとつ位はあるのではないでしょうか。

「未定年」は深く考えず，とりあえず，やってみる。そんないい加減さを持って，興味を少しでも持ったなら手を出してみることを心がけてはどうでしょうか。考えすぎずに，やってみるということです。

もし，いま森さんのように，職場で何か飽き足りない思いを抱いているなら，別の世界へ飛び出してみる。可能なら飛び出しまくるのをお勧めします。「自分はもっと職場で認められるべきだ」「家族は私の価値を分かってくれない」と被害者意識で立ち止まっていませんか？　学歴や職歴における"過去の栄光"にしがみつき，うずくまっていませんか？

未定年の生き方06

考えすぎずに，とりあえず何かやってみる。

07

「弱さを強さに」こつこつカメ未定年。

小川義道さん（仮名・保育士42歳）

 知らないことがまだまだあるなら，とりあえず勉強しません？

コツコツ

未定年プロフィール

 悩み深き男性保育士。優秀な妻と比較して，自分はどう生きるべきか，悩みながら社会人大学院にやってきた。答えは膨大な学びの中にあるかもしれないと，信じることも「未定年」だと思う。

30

長男の呪縛が生み出したものとは

お父さんが学校の先生で，男3人兄弟の長男。奥さんはしっかり者の地方公務員。小川さんのプロフィールを聞いて，はっはーん，と思いました。筆者は早々に小川さんからふたつの"心の闇"を感じたのです。

小川さんは公務員ではありませんが，児童養護施設の保育士で，社会福祉士の資格も持つ"手に職"ある人でした。筆者のように，広告会社のCMプランナーという国家資格でもなく，何やら怪しい肩書の者からすると，「有資格者，カッコいいなぁ」と一目置く存在です。しかし，小川さんは「5年位前から，市大大学院の新聞広告を保存していた」と言います。ステップアップを密かに志していたのでしょう。

親が教員という人から聞くのは，自分も教師になるか，めざしたけれど挫折したというパターンだと思います。堅い職業の親に反発して，違う道を選ぶ人はもちろんいます。しかし，小川さんは男3人兄弟の長男。強制はされずとも「長男だし，自分もお父さんのように，偏差値の高い大学に行き，きちんとした教師になるべきだ」と心のどこかで思っていたのではないでしょうか。

しかし，自分が"こうなるべき"と思っていた方向とは，少し違った道を歩んでいる。その忸怩たる思いが，新聞広告の5年間保存につながったのではないでしょうか。

妻に敵わない気持ちが生み出したものとは

もうひとつの心の闇は，奥さんへの気持ちです。小川さんは奥さんと仲が良いようです。韓国ゼミ旅行の時，「〇〇という高級化粧品を買ってきて，と言われた」とつぶやきながら免税店をウロウロしていました。そのブランドはかなりお高い基礎化粧品ですから，あぁ奥さんは収入も良く，しかも良い化粧品を使うんだから美人なんだな，と思ったものです。事実，「奥さんについていけば安泰」と小川さんは言ってました。

しかし，男3人兄弟の長男がそこで気持ちの安寧を得られるのでしょうか。

小川さんは40歳過ぎなので，ギリギリ日本の男社会気質が残っている世代。

「女に負けるなんて」とまではいかなくても，「このままでいいのか」いう意識がうっすらとあったとすれば，大学院入学に背中を押す原動力になったと思います。心の闇が，前向きな「未定年」時代へといざなってくれたわけです。心の闇を，単なるコンプレックスとして持てあますのではなく，自分を良い方向に転がすことができた小川さんは，やっぱり素晴らしいと思います。

「弱い人間」を自負しながら

とは言え，そんな小川さんも，修士論文作成では筆者と同じように苦戦しました。修士2年目の夏と冬，年に2回，修士論文の中間発表があります。文字通り，論文の進捗を先生と院生同期の前で報告するのです。持ち時間は，ひとり10分プラス質疑応答10分，合計20分ですので，12人の院生を2回に分けて発表します。筆者は，院生代表つまり学級委員ですので，このグループ分けをどうするか，みんなの希望を聞いて取りまとめる作業をします。先攻か後攻か。小川さんは「後攻でお願いします」といち早く希望を伝えてきました。「早く発表して，先生のコメントを早くもらったほうが，執筆が進むと思うよ」と，言いましたが，「僕は弱い人間やから，みんなの発表を聞いてから，自分の発表をまとめたいねん」と返ってきました。なるほど，この人は"弱さが武器"だな，と思いました。弱さを自認することで，ではどうすれば良いかを考えることができる。弱さを自任した上で，おとぎ話「ウサギと亀」の亀のように自分のペースでコツコツと頑張る。「弱さを強さ」に変える武器を持っている「未定年」なのです。

弱さを強さに変えながら，小川さんは大いに悩み迷い，修士論文を進めていきます。しかし，どんなことでも先生や仲間に相談できる性格，そしてアドバイスを素直に聞き入れることで，規定の40,000字を期限内に書き上げることができました。

小川さんが得た未来に向かう自分の武器とは

　小川さんが修士論文で取り上げたのは，普段から課題とするふたつのテーマでした。ひとつは福祉職員に求められる"地域貢献"に対応出来る人と出来ない人がいる問題，もうひとつは給与水準が低い業界で若い職員のモチベーションは何なのかという疑問です。小川さんは，職域のネットワークをかき集めて，大阪市内の保育士さん250人からのアンケート回答を集めました。仕事柄，可能だったとは言え，多くの方に依頼して回り，引き受けてもらえたのは，小川さんの人徳ゆえでしょう。

　「いまは現場が楽しいけれど，将来，このジャンルで教える人になるためには，修士が必要」それが，小川さんの入学動機でした。40代という若い「未定年」が将来を見通して，現場で保育士として子供と向き合うことが体力的にきつくなった60歳以降でも，後進の育成に携わることができるよう，今から準備を始めておく。そんな小川さんにとって，修士論文を書く行為は，単に学位を取るための作業に終わりませんでした。現場の保育士たちが，何に悩み，何をモチベーションとしているのか，その実体をあぶり出すことで，現場を俯瞰する鳥の目を，小川さんは得ることができたのです。

　「未定年」を早くから意識すること。それは，未来の自分を定めるだけでなく，今の自分に武器を与えることになることを小川さんは示してくれました。

┌─ 未定年の生き方07 ─────────
│ 今と未来を強くできるのが，「早めの未定年」
└────────────────────────

08

「逃げ出したい」けど踏ん張る
ふくろう未定年。

岡本剛さん（仮名・公務員40歳）

 キャリアビジョンをはっきりさせて，勉強しています。

未定年プロフィール

某・地方自治体の市役所職員。向いていない仕事から逃げたいと思いつつ，安定した公務員の座を手放さない冷静さをキープしながら社会人大学院で学ぶ。いつか研究に専念できる夢を持ちながら。

置かれた場所から逃げ出したい，40代未定年

　「役所を辞める気満々でしょ？」趣味で手相を観る筆者は，手を広げて差し出した岡本さんにそう告げました。図星だったようで，岡本さんは目を見開き，驚きながらうなずきました。岡本さんは，訳あって大学中退後，別の大学に入学し直し，卒業後ある地方都市の公務員試験に合格しています。この履歴を聞くと，頭が良くて真面目であるがゆえに悩みを抱えやすい人だと想像します。

　岡本さんのように，40歳前半の若い未定年は，定年後の不安よりも，定年までの仕事人生をどう過ごすか，のほうが心配なことでしょう。理由は，終身雇用の崩壊による転職市場の成熟化です。昭和30年代から40年代前半生まれは，ひとつの会社に滅私奉公する生き方を前提とし，企業から与えられた仕事をこなし，ひとつの企業の中でステップアップすべく教育を受けてきました。会社を変わることは，何らかの理由で職場不適合を起こした人，協調性がなく，我慢が足りない人，などネガティブな評価を受けるイメージもあった。

　しかし，昭和40年代後半から50年代生まれは，働くことへの価値観が鮮やかに異なります。転職に対して抵抗がない。筆者の周りでも40代前半の人たちの間で「いつ会社辞める？」などの会話がカジュアルになされています。ひとつの企業に定年まで勤めあげることが，むしろイレギュラーになっているかもしれない。転職エージェントなる企業も登場し，ネットでプロフィールを登録し，働きながらスカウトを待つという転職活動も盛んになってきました。置かれた場所から逃げることは，もはや決してネガティブなことではない。「何らかのビジョン」があるならば，前向きに逃げれば良いのです。そう，「何らかのビジョン」がポイントです。この先，職業人としてどんなビジョンを持つのか。キャリア戦略もなく，単に「いまの会社と合わない」と思って転職するのなら，それはただの我儘です。ブームに乗るかのように，転職するのは考え物。そこで岡本さんの社会人大学院生としての生き方が参考になるのです。

ジャンルB「勉強好き好き未定年」

地方公務員の苦悩がもたらすもの

　筆者が修了した社会人大学院は，都市経営という領域なので，自治体職員や市議会議員が多く学んでいます。岡本さんもそんな多数派の中の一人でした。

　しかし，岡本さんの頭と心は多数派とは異なっていた。たいていの公務員大学院生は，修士論文のテーマを自分が抱える業務の領域から選びます。業務の中身をバージョンアップさせようとする姿勢。極めて真っ当な選択です。さらに修士論文は，さまざまなデータを必要とするため，業務で関わる人脈が大いに役立ちます。テーマによってはインタビューを行ったり，アンケートを取る必要もあるので。特に介護系や福祉系の人は，業務を通して知り合うネットワークを多く持っていて，リアリティのある論文が仕上がり，うらやましく眺めていました。

　話は脱線しますが，筆者のように民間，しかも広告会社勤務では修士論文に役立ちそうな人脈は見当たらず，無事に論文を書き上げることが出来るのか，と院生1年目は不安で仕方なかったです。その不安は的中しました。丸腰の状態で選んだテーマは「シティプロモーションについて」でした。シティプロモーションを実施する自治体にコネは全くありませんので，アポなしで取材を申し込んだり，メールでお願いをしたり，文字通り体当たりです。ありがたいことに，そんな無謀なお願いにも関わらず，見ず知らずの人間に協力してくださる方に多数出会いました。そのおかげで，何とか修論を仕上げることが出来たのです。

　岡本さんのことに話を戻すと，岡本さんは業務のアップデートにつながるであろう真っ当なテーマを選ばなかった。岡本さんの修士論文は「公務員とは何か」でした。他の公務員院生の修論テーマと比べると，業務に直結するとは思えません。ずいぶんとへそ曲がりなテーマ選びだな，と苦笑してしまいました。民間企業に勤める立場から見ると，公務員は安定していて素直にうらやましい。倒産の心配はないし，年功序列で給料も上がる。そんな垂涎の立場に疑問を持ったのでしょうか。とは言え，修士論文の評価基準では「新規性」が問われ

ます。そこも視野に入れて，修士論文のテーマに選んだのかもしれません。

「逃げ出したい」から退職，ではなく

　さて，ここからは筆者が想像する岡本さんのキャリア戦略です。岡本さんは38歳で大学院修士課程を修了後，博士課程に進学します。博士課程は最短でも修了するまで３年かかります。修士課程は修士論文を１本仕上げれば良いのですが，博士課程は博士論文に加えて，学会への投稿論文により，査読という審査をクリアする必要があります。市役所勤務を続けながら，さらに苦労多き研究の道を選んだ岡本さん。おそらく，大学で教える研究者を密かに狙っていると筆者は見立てています。公務員制度の研究というレアな学問領域を選んだところからも，そのビジョンが垣間見えます。

　逃げる気満々だから，現状に不満だから即退職，ではなく。若手「未定年」は，職業人として，または生き方において「何らかのビジョン」を掲げた上で，その逆算で今やるべきことを設定してほしい。その結果，すぐに転職ではない岡本さんのような生き方が参考になるのではないでしょうか。

未定年の生き方08
　若手「未定年」は，転職前にキャリア戦略を固めよう。

09

理想に向かって「動き続ける」
ママさん未定年。

三崎優子さん（仮名・団体職員43歳）

 未定年，ココに注目！ 理想は目指すものではなく，生きていくための相棒!!

未定年プロフィール

 10歳を頭に3人の子育てをしながら，キャリアコンサルタントの資格を取り，続いて社会人大学院に入学。修士取得に向けて勉強中。セカンドキャリアで「理想の学習塾」経営をめざし動き続ける。

私は私を生きたいから，学ぶ

「とにかく私は一生働きたい！　子どもが何人いようが関係ないんです！」三崎さんは軽く訊ねた筆者の問いに，半ば絶叫しながら答えました。え？　私そんなに失礼なこと言ったのかな？　「小さいお子さんが３人もいるのに，大学院で勉強するなんてすごいですね。何をめざしているんですか？」それは三崎さんにとって褒め言葉ではなかったようです。

三崎さんは半官半民の公益団体に就職し，３人の子どもを出産しました。お子さんは現在，上から10才・７才・５才，まだまだ手がかかりそうな年ごろです。３人の子育てをしながら，キャリアコンサルタントの資格を取り，続いて社会人大学院に入学。現在，教育学修士の取得に向けて勉強中です。

子どもは可愛いけれど，いつか巣立つ。裏切られることだってあるだろう。だから自分を失くさない。私は自分ファーストで生きる。

この考えが加速したきっかけは，朝日新聞のシニア向け紙面「Reライフ」読者会議への参加でした。50歳〜80歳代の先輩世代がリアルに集い，意見交換するイベント。その中で，大学生の子どもを持つ50代女性の発表に胸を突かれたそうです。「今までの人生，夫や子どもの面倒を見ることだけに費やしてきた。子どもから手が離れ，これから自分が主役の人生を送る必要があるのに，何をしたらよいのかさっぱり分からない」この状態は他人事ではない。この人は「反面教師だ」と三崎さんは思ったと言います。最近では「空の巣症候群」という言葉も登場しました。子どもが進学・就職で家を出てから，何をすればよいのか途方に暮れるばかりで，メンタルダウンに陥る人もいます。三崎さんは決心しました。子どもが可愛い自分だから「空の巣症候群」も決して他人事ではない，体力のある今，中長期的な未来に向けて自分のキャリアを太く強くする何かを始めなければ，と。

子どもが多いと職場で期待されなくなる感

いま男性も育児休暇を取得するよう，国が音頭を取っています。とは言え，

育児負担はママに偏りがちと聞きます。

　「子育てはまだまだ女性の仕事で，母親の負担が大きいという暗黙の認識が社会全体にある」と三崎さんは言います。その結果，「職場で大切な仕事を任せてもらえない。自分は期待されてないんだと感じる」そうです。職場は上司も同僚も子育てへの理解があって，保育園のお迎え時間が来ると「早く行ったら」と後押しもしてもらえる。それはありがたいけれど，申し訳ないとも思う。自分がやるべき仕事が誰かの負担になっているはずだし，3人も子どもがいると，結果として戦力外人員になっていることが悔しい。

　その悔しさをバネに，朝日新聞「Reライフ」読者会議の見聞に背中を押されて，三崎さんはキャリアコンサルタントの資格取得をめざします。将来的に人事への異動を視野に入れた選択でした。

「人生1度切り」を鑑みて「未定年」で何をするか

　キャリアコンサルタント講座のさまざまな学びの中で，三崎さんはある項目が気になり始めます。「学校教育制度及びキャリア教育の知識」です。試験のために暗記することはたくさんあるのに，この項目だけは心に稲妻が走りました。

　「学校教育制度及びキャリア教育の知識」における重要なトピックはいくつかあります。ひとつは2006年12月，教育基本法が戦後初めて改正され，「職業及び生活との関連を重視し，勤労を重んずる態度を養うこと」という一文が加わったこと。さらに翌年改正された学校教育法でも「職業についての基礎的な知識と技能，勤労を重んずる態度及び個性に応じて将来の進路を選択する能力を養うこと」が規定されました。この法改正をベースに，2017年3月に告示された小学校及び中学校学習指導要領では，初めて「キャリア教育」という用語が登場しました。三崎さんはこのことを知り，「学校の現場で誰がキャリア教育を行えるんだろう？」と疑問を持ったと言います。

　筆者もそれは同感で，大学を出てすぐに教師になった先生が，他の職業についての基礎的な知識と技能を教えることは無理があると考えます。

「ならば私が小中学生にキャリア教育を行える人になろう！」三崎さんのキャリアビジョンは軌道修正されました。いまの職場で定年まで働く。キャリアコンサルタントの資格を活かせる異動を願い出る。定年後のセカンドキャリアでは「キャリア教育の塾を経営したい！」そのビジョンを背負いながら「自分の人生の主役は自分」として学び，動き続けるそうです。塾といえども，教員免許は必要と考えて教育学の大学院進学を決めました。「母親が勉強ばかりしているので，子どもは放任でも勉強癖が付いているみたい」と三崎さんはWin-Winだと笑います。

既婚女性には，ついつい主婦・母親の役割を優先してしまう人が多いように感じます。有職の既婚女性の場合は「会社生活と家庭の両立」で頭がいっぱいになり，セカンドキャリアを視野に入れた「未定年」時代をどう過ごすか，そこまで気持ちが及ばないことでしょう。しかし，「自分の人生は自分が主役」が原理原則です。会社とも子どもとも，いつか別れる時が来る。その時に備えて，「未定年」の今を生きる必要があるのです。

┌─ 未定年の生き方09 ─
│ 「自分を人生の主役」とする，にこだわる。
└─

10

「忙しさ」と心中しない踊る未定年。

大田結さん（音楽プロデューサー40歳）

仕事と勉強，忙しさに浸かることで，
キャリアプランに導かれてます。

未定年プロフィール

会うたび髪の毛の色が変わる音楽プロデューサー。その見かけに反して頭の回転速度はリニア級。ダンスは創るのも踊るのも天下一品。マルチな才能を持ちながら大学院で学ぶ理由とは？

超忙しい仕事人間がMBAを取ろうとした理由

　神戸大学MBA始まって以来のパリピ，と言われたらしい。大田さんは37歳で神戸大学大学院経営学研究科，MBAを取得する大学院に入学しました。大阪の広告業界で音楽プロデューサー・大田さんを知らなかったらモグリという位，有名でSNSの友達も1613人もいます。さらにダンスの振付師という隠れ技を持ち，かつ自ら踊れるという才能多彩な人。しかしパリピですからね，髪の毛もピンクだオレンジだと会うたび色が違う。仕事を一緒にすると「頭のいい人だ」と文句なしに思うのですが，悪いけど才女には見えない（大田さん，ごめん）。筆者が通った大阪市立大学大学院都市経営研究科も変人が大勢いましたが，大田さんのような分かりやすく派手な人はいなかった。大田さんはカラフル・ヘアのまま，1年半の大学院生活の中ずっとパリピらしく「ウェイ〜」と叫んでいたらしいです。ご学友の皆さんは，勉強とは違う刺激を受けてさぞかし楽しかったことでしょう。

　筆者が知る限り，大田さんは仕事だけでもめちゃくちゃ忙しい。プライベートも飲み会や旅行で忙しい。なのに，大阪から神戸の山の上にある大学院に通いMBAを取る決心をしたのはなぜでしょう。勤務先の録音・編集スタジオの社長に入学を相談した時も最初はあまり良い顔はされず，軽く反対されたそう。「MBAを取るので，会社の経営に貢献できる知識が身につくと思います」そう言って，なんとか了承を得たようです。神戸大学MBAは夏休み・冬休みがないため，期間が1年半と短かったことも社長との交渉で幸いしたかもしれません。そんな面倒を経てまでMBAを取ろうとした理由はなんだろう。

　「学びの天才」つきあいの長そうなSNSの友達から，大田さんはそう称されていました。なんだ，そういうことか。大田さんはそもそも勉強好きで常に自分をアップデートしたい人なのです。そう言えば，マッサージの資格を取るため，わざわざタイへ渡った話も聞きました。マッサージ留学。現地で勉強して，現地で試験を受けるのです。MBA取得後も「次はなんの勉強しようかなぁと思っています」とSNSでつぶやいています。パリピという見た目とは違って，

そもそも勉強好きなんですね。そして「賢くなれるといいなあ」「頭良さそうに見えるといいなあ」発言も多い。凡庸な言い方ですが，向上心がすごい人です。出会えて良かった。

日々の業務に追われることは将来の自分を死なせること

しかし，いくら向上心があっても，日々の仕事や多忙に負けてしまう人のほうが多い。真面目な人ほど，目の前の業務や作業を優先してしまうものです。自分をアップデートする，将来に備えて学ぶ。大切なのは分かっているけれど，明日〆切の〇〇を片付けなきゃ。キャリアコンサルタントの資格を取ってから，そんな悩みを吐露されることが実に多くなりました。

真面目に仕事に打ち込んできた未定年の皆さん。ここで考えてみてください。いま目先のことだけを頑張る自分が，定年後の自分を死なせるとしたら。本来持っている向上心を引っ込めることが，定年後のキャリア自殺につながるとしたら。脅すような言い方ですが，今の日本にとって大切なことなので，ハッキリ言います。「忙殺」という言葉がありますが，忙しさは今の自分だけでなく，将来の自分も殺してしまう。それが人生100年時代に到来したことを誰かが伝えなければ。

週刊文春2022年3月3日号の「伊集院静の悩むが花」という連載にこんな相談が寄せられました。「定年退職した夫が気が抜けたように何もせず，昼からお酒を飲んでいる。アルコール依存症にならないか心配です」この悩みに対して伊集院先生は「この相談はもう十数年前から続いている悩みで（中略）なぜ，パターンのごとく，そうなるのか？　それは日本の企業の大半が，定年を迎える社員に，丁寧なケアをすることが少ないということと，その当人がギリギリまで働こうとするからです」と回答されています。相談者のご主人は，定年まで文句も言わず黙々と家族のために働いてくれたそう。その先に，お酒におぼれる日々が待っているなら，もう少し早くに定年後のライフプランを立てればよかったのに，と見知らぬ人のことながら残念に思います。

自分をアップデートすることで喜びが付いてくる

　大田さんは30代後半の大学院入学ですので，定年後のことまで意識した決断ではないでしょう。勉強が好き。自分をアップデートさせたい。そんな純粋な向上心から生まれた大学院入学です。しかし，結果的に60歳以降のセカンドキャリアにつながるMBAという武器を得たことは間違いありません。

　大田さんの修士論文は『サウンドシンボルが組織に与える影響』というタイトルでした。経営学に音楽を持ち込んだ新規性が評価につながったそうで，学内イベントにおける投票で67名中論文第1位を獲得したそうです。この話を紹介すると，未定年の皆さんは「やっぱり特別な才能を持った人だね。自分とは違う」と思われそうで逡巡しました。にも関わらずお伝えする理由は「向上心を掘り起こせば，自分をアップデートすることに喜びが付いてくる」ことを感じてほしいからです。論文投票1位はすごすぎますが，日々に忙殺されず自分をアップデートすることで，なにがしかの喜びやご褒美は追いかけてくる。そう信じて，忙しさと心中しない未定年へと踏み出してください。

> ┌ 未定年の生き方10 ┐
> 日々の忙しさと心中せず，自分をアップデートしよう。

　日本は今，先進国の中で「低学歴国」らしい。日本経済新聞の記事（2022年5月2日朝刊）によると，人口100万人当たりの博士号取得者数が米英独韓4カ国を大きく下回っている。さらに2008年度の博士号取得者131人に対して，2018年度は120人と減少に転じているのは，中国を加えた先進国6カ国中，日本だけだという。その原因としては，日本の企業は「どの大学に合格したか」が基準となり，学びは学部に入った時点で終わるため，大学院の魅力が薄れているから，と記事は述べている。

　博士号取得者が少ないことで，筆者の心配は，研究人材の不足による日本の国力低下である。とくに医療・IT領域において研究による進化は不可欠なはず。文系学問においても，例えば筆者が修士を取得した都市経営領域では，人口減にあえぐ日本各地の処方箋を生み出すために大きな役割を果たせる。

　しかし「博士号とかけて，足の裏についたご飯粒と解く。そのココロは取っても食えない」というなぞかけがある位で，苦労して博士号を取っても，安定した収入を得られない，という日本の状況がある。大学の研究職はポストが少なく，企業は30歳近い博士号取得者よりも，20代前半の学部卒を採用する傾向にある。かく言う筆者も，修士課程修了後，博士課程に進むことを考えた。が，修業年限が修士課程より長く，論文も多く書く必要がある博士課程は残りの人生を鑑みると「コスパが合わない」と考えてしまった。

　筆者はこんな情けない思考回路だが，「勉強好き好き未定年」は違うはず。学びの環境に身を置くことが心から好きな精神性。それを自分の満足に留めず，日本の危機を救うために活用してもらえないだろうか？　40代以上の未定年は，20代の若者とは異なる切り口で，研究の仮説を立て，成果を生み出せると思う。そうだな，人に勧めるなら，自分から始めないと。

【もし「未定年」に勉強するなら，どんな分野!?】

☑が付いた「これ面白そう」を学んでみては??

☐ いま人材不足！　医療・福祉領域

☐ いま人材不足！　IT領域

☐ カッコいいなあ！　芸術領域

☐ 深掘りたい！　文学・歴史領域

☐ インバウンドが気になる！　観光・旅行領域

☐ 地域に貢献したい！　地方創生領域

☐ おしゃれ大好き！　ファッション領域

☐ 子どもの未来が気になる！　教育領域

☐ その他

【こんなあなたに社会人大学院はおすすめ!!】

ひとつでも ☑ が付いた「未定年」は，入学を検討してみては??

- ☐ 意外に「勉強は好き」かもしれない。
- ☐ 学生時代に勉強が足りなかった。
- ☐ 大学院に進学したかったが，大卒後すぐに就職したことに悔いがある。
- ☐ 趣味のひとつが「読書」である。
- ☐ ニュース番組が好きで「社会の出来事」に興味がある。
- ☐ 興味がある「学術分野」があって，研究してみたい。
- ☐ 漠然と「研究」にあこがれている。
- ☐ セカンドキャリアでは高校や大学で「教えて」みたい。
- ☐ セカンドライフでは何らかの「社会貢献」を行いたい。
- ☐「異業種」の人たちとつながって，新たな人脈を得たい。
- ☐「新しい何か」にチャレンジしてみたい。
- ☐ 現在の仕事に役立つ「新たなスキル」を身につけたい。
- ☐ 別の仕事を模索する「リスキリング」を検討している。
- ☐「文章を書く」のが好き。
- ☐「文章を書く」のが得意。
- ☐ 何かのテーマで「議論」するのが好き。
- ☐ いまの自分を「バージョンアップ」させたい。
- ☐「違う自分」になるきっかけが欲しい。
- ☐「休日を充実」させる何かを探している。
- ☐ 職場と家の間に大学院がある。

第 **2** 章

「会社生活」を生きる未定年

この章では，会社生活の中で「未定年」をどのように生きているか，の
ロールモデルをご紹介します。
「未定年」のOBも含まれますが，どう生きたかのお話も参考になるはずです。
日々に流されない努力と工夫に触れて下さい。

11

ジャンルC「迷える未定年」

「手放す勇気」のなまけもの未定年。

森口和久さん
（仮名・クリエイティブ・ディレクター59歳）

一旦，今までに得たものを捨てると，違う何かが入ってくるよ。

未定年プロフィール

自称・なまけもののクリエイティブ・ディレクター。と，称しているが，競合の広告会社を油断させているのかもしれず，本当のところは分からない。「カゲ勉未定年」が筆者の見立て。

垂涎の居場所を易々と捨てた

「役職定年の定年延長，してほしいって言われたんです」「え？　それを断ったってことですか!?」絶叫する筆者をよそに，森□さんはふわっと微笑み「はい，東京へ帰ります」と告げました。

森□さんは，大阪の広告会社でクリエイティブ・ディレクターを務め，社内を束ねる管理職にまで地位を上げました。筆者とは広告業界のとある集まりで知り合い，作品の審査などで議論を戦わせる中，親しく話してもらえるようになりました。

森□さんは，地位を得ただけではありません。クリエイティブ・ディレクターとして部下や営業からの人気が絶大だったそうです。競合プレゼンに勝つ，新しい得意先の開拓にも成功する，そして組織のマネージメントもきっちり行う。役職定年を延長してほしい，そりゃ言われることでしょう。

幸せな日々が，進む道を狭めるのはなぜか

大阪での日々は「いまも楽しいし，大阪という街も大好きなんです」と森□さんは言います。若い人たちから森□さん，森□さんと慕われ，楽しくないわけがない。このまま定年延長をしても，この人なら長く会社で活躍できる，そう思います。

しかし59歳を目前に控え，役職定年の延長を打診された時，心が揺れるも，このまま大阪にいては「楽しい日々に流されてしまう」と思ったそうです。今と同じ会社生活を楽しく繰り返し，その結果，60歳定年後のビジョンがまるで積み上げられず，予定調和に定年延長。それは決して悪くないし，国と会社の環境も整ってきている。しかし，森□さんはそこに楽しいイメージを持てないそうです。これはどこの会社もそうですが，定年後は契約社員として，今までとは違う雇用形態に置かれることになります。当然，給料は定年前よりも下がります。お子さんがまだ高校生の森□さんならば，そこに甘んじるのも忸怩たるものがあることでしょう。マネージメントだけではなく，クリエイティブ

脳も全く錆び付いていません。昭和の60歳と令和の60歳は全く違い，年金を
もらって楽隠居気分で仕事をするという発想が昭和に60歳を迎えた世代とすれば，令和60歳は「まだまだ現役をやれる。稼げる」と考える世代です。

「大阪にいながら，定年後のビジョンを考え，行動するという選択肢はなかったんですか？」この有能な人と次の会合で会えないのは，あまりにも寂しい。競合会社の人の腹の中を探りながらの会話はスリリングで楽しい。その気持ちをズリズリ引きずりながら，筆者は未練がましい質問を投げかけました。

「俺，なまけものだから。楽しい日々に流されるんです，絶対に」

「楽しいだけではない，お役目仕事もたくさんですしね」

「そこも手は抜けないですしね」

森口さんは単身赴任をしていたので，東京で待つご家族の元に戻り，「59歳の新年度は，人生100年時代に70歳まで働くにはどうしたら良いか，考える年にする」そうです。構想はないそうですが，はっきりと言えるのは「大阪よりも，東京の方が選択肢が広がる」ということだそうです。大阪での幸せな日々を捨てる必然，その全貌が見えてきました。

自分の弱さを知れば，選ぶ道が決まる

「ほんとは，いま少し寂しいけどね」そう言いながらも，森口さんは大阪でのクリエイティブ・ディレクターとしての仕事は，ほとんど置いていく，次の世代に譲っていくそうです。転勤しても，元いた場所の仕事を手放さないという人は珍しくありません。しかもコロナ禍により，どこで暮らそうが関係ない，オンラインで遠くの仕事が可能になりました。それでも森口さんは「大阪の仕事を引きずってたら，東京に戻る意味ないから」東京に戻っても，大阪の仕事は出来てしまう状況に一抹の不安を感じているようにも見えました。

この話は一見，優秀で人望もある森口さんだから，と捉えられ，筆者と同じく普通を自認する方には「参考にならない」と思われるかもしれません。しかし，森口さんの生き方は，多くの人が参考に出来ると思います。

森口さんがすごかった本質は，サラリーマンなら大抵の人がうらやむ地位を，

しかも会社から望まれた地位を，ぽーんと蹴ったことではありません。誰にも気づかれていない，「怠けてしまう自分の弱さ」を認め，向き合ったことではないでしょうか。人間は弱い。だから自分の欠点やコンプレックスを可視化させるのは辛いものです。森口さんの場合は，会社から望まれていましたが，もしその逆であれば，望まれていない自分と向き合うことは，きっと辛く苦しいことでしょう。向き合う以前に，望まれてない，と認めることがそもそも辛い。

　しかし，弱さと向き合って選んだ道の先には，きっとご褒美が待っている，そう思います。森口さんが60歳以降をどう生きていくのか。どんな後姿を我々に見せてくれるのか。弱さと向き合い，道を定めた森口さんなら，きっと新しい活躍の場に出会えると信じます。人生100年時代をどうすれば良いか，迷っている「未定年」は，いきなり定年後をどうするか考えるのではなく，まずは自分の弱さを棚卸ししてみてはどうでしょうか。それは会社での立場か，コンプレックスか，性格か，人それぞれですが，弱さを糸口にした答えが，何かしら見つかるのではないでしょうか。

┌─ 未定年の生き方11 ─────────────────┐
弱さと向き合いながら，何かを捨てる。
└─────────────────────────────────┘

12

「フリーランス」を早まった？
YouTuber未定年。

中田好道さん（仮名・マーケッター55歳）

 退職する前にセカンドキャリアの戦略練ろうぜぃ!!

🖐15 ↗↓ ○○チャンネル

未定年プロフィール

 某メーカーに32年勤務した後，早期退職し，フリーランスのマーケッターとして独立。中小企業支援のYouTube動画を配信しているが，このジャンルはライバルが多く苦戦気味。でも楽しそうではある。

これでよかったんだろうか？　と思ってしまう理由とは？

　本当のところは分かりません。しかし，元いた会社とのつながりを強く握りしめる姿に遭遇すると「早期退職は正解だったのか？」と不躾ながら考えてしまいます。筆者の父は「自殺と辞職の理由は本人にしか分からない」が口癖でした。小学生の頃から聞かされていましたが，今ようやくその意味が理解できます。「なんで会社辞めるんですか？」と聞いたところで，本当の気持ちを知ることはできないでしょう。

　中田さんは，某メーカーでマーケッターひと筋の専門職。55歳を機に早期退職の道を選びました。フリーランスで今後は活動する，ということでしたので，どうなるのだろう，と勝手ながら心配していました。フリーランスで仕事を獲得するための戦略が見えなかったからです。とは言え，中田さんは明るくてオープンマインドな人柄，人脈も多く持っているので，なんらかの当てがあるのかもしれません。マーケッターにありがちな気難しさもなく，同業他者とは差別化できる個性も持っています。YouTuberとしてビジネストークの動画配信を続けていますが，ポイントが分かりやすく，明るい話しぶりに惹きつけられます。

　しかし中田さんはどうなるんだろう，退職されてから半年以上こっそり見守っていますが，大忙しには見えないことが気になっています。SNSで「8か月ぶりの仕事です」というコメントもありました。コロナ禍の話とは言え，やはり心配です。

専門職が陥りやすい「プライド・ラビリンス」

　50代の早期退職後や60歳定年後シニアの「転職活動あるある」として，よく出てくる話が「管理職経験とかではなく，あなた自身が出来ることは何ですか？」と面接で問われる話です。部長をやっていました，という経験ではなく，ノックした企業に貢献できるスキルは何なのか。ここでつまずく人が多いと。

　その点「専門職はいいよね」と言われます。マーケティング戦略が組める，

コピーが書ける，広告デザインが作れる。しかし，そのスキルあるがゆえに「なんとかなる」と考えてしまい，明るく退職していく先輩専門職をたくさん見てきました。とくにクリエイティブ職は，その他の職域から尊敬とまではいかなくとも，一目置かれがちで，そこで蓄積されたプライドが「自分はどんな立場になっても求められる」と確信してしまうのです。何もないところからアイデアを生み出し続けたという事実とプライドは，どんな向かい風に吹かれようとも揺るがない。揺るがぬプライドを抱えたまま，変化のスピードが著しいビジネス社会のラビリンスをさまよい，仕事の依頼を待つ日々。それが辛いかどうか，上積みされた退職金があるし当座の生活には困らないので案外平気か，スローペースが丁度いいのか。本人にしか分かりません。

今の仕事が好きすぎて「まだ続けたい」の先にあるのは？

　これも「クリエイティブ職あるある」ですが，60歳定年後も65歳定年延長後も「広告業を続ける」という先輩を多く見てきました。40年近く続けてきて「まだ足りない，まだ続けたい」と思うのがすごいと思いつつ，広告業界の変化と進化のスピードを思うと，40年のスキルにニーズはどれくらいあるのか，考え込んでしまいます。何もないところからアイデアを生み出し続けたという事実とプライドは，そんな時代の変化をものともしない。

　そんな強さに敬意を抱きつつも，キャリアコンサルタントの資格を取った視点から見ると，いまは時代の変化と向き合うべきだと思います。時代の道筋をどう見立てるか，自らの価値観と丁合を取りながら，自分なりの見立てを持ってライフプランを組み立てた上で，早期退職なり，フリーランスの道を選ぶべきではないでしょうか。

　ちなみに中田さんは退職後，大学の後輩コピーライターに「僕のキャッチコピーを考えて」と頼んだそうです。キャッチコピーに対するフォロワーの反応を見ながら，ビジネスコンセプトを固めていくそうです。このコンセプト・メイキングを退職前に行っていればもっと良かった。第三者の意見を聞く。これも退職前に行えば良かった。自分のことは，自分が一番分からなかったりしま

すから。

　もちろん何かを捨てて，新しい世界の扉を開けることは，素晴らしいし，捨てることで得られるものもきっとあるでしょう。会社生活の人脈だってフルに使えばいい。しかし，捨てたあとの出たとこ勝負ではなく，まずはコンセプトやキャリア戦略を考える。人生100年時代のライフプランやキャリア戦略を固めた上で，退職届を出すことをお勧めしたいです。「しばらくゆっくりして考える」人も多くいますが，一度ゆっくりすると，ずるずるゆっくりしてしまうのが人間の弱さです。新しい世界に飛び込んで良かった，と心から思えるように，まずは「キャリア戦略」を立てましょう。「辞めてから，フリーになってから，会社のありがたみがわかった」という声も，早期退職あるあるです。

┌─ 未定年の生き方12 ─────────────────┐
│ セカンドキャリア戦略は，辞める前に考える。
└─────────────────────────────┘

13

「めざすぞ正社員」に目覚めた 白雪姫未定年。

清原暢子さん（仮名・派遣社員38歳）

積み重ねた経験がスキルになるって，信じることが大切！

未定年プロフィール

拙著の執筆後半で「元・派遣社員」に。就活30敗直前&40歳直前で，正社員試験にみごと合格した。うーん，直前力。人間は崖っぷちに追い込まれると最大の力を発揮する，は信じていいかも。

正社員をめざす，その理由

　女子にとって会社のトイレは社交場です。化粧直しをしながら，仕事や人間関係の愚痴や噂話。会社から離れた世の中の流行の話など。結構な情報源になる場で好きなんです。残念ながら，コロナ禍によるマスク着用のせいで，化粧直しをする女子がガクンと少なくなりました。結果トイレの滞在時間が短くなり，みんなから得られる情報も減って寂しい限りに。

　そんな中，派遣社員の清原さんが筆者に藪から棒な質問をしてきました。「三嶋さんって職種は何ですか？」部署が違うと，顔と名前は憶えても，その人がどんな仕事をしているかは分からないものです。「CMプランナーでコピーライターだよ」そう答えると，清原さんは小さくため息をつきながら「そうか，専門職なんですね，いいなあ」とうなだれた後，「私，4月いっぱいで契約満了になるんです。お話できてよかったです。ありがとうございました」と挨拶をしてくれました。トイレは清原さんとふたりきり。しめやかなお別れが似合う空気に包まれていました。そんな空気のせいでしょうか。筆者は清原さんの小さなため息と寂しげな表情が気になり思わず訊ねてしまいました。いや，キャリアコンサルタント魂の発動でしょう。「次はどうされるか決まっているの？」「いえ，いま正社員めざして就活中なんです」無神経な質問をしてしまったかな，とヒヤッとしましたが，清原さんは「話，聞いてもらっていいですか！」と逆の反応。そこで，じっくり会議室にこもって話を聞くことになりました。

転職市場の活況で「異業種で異職種」に変わる人が増えた

　ふと気づくと，筆者は社内外の多くの人から「転職します」メールを多く受け取るようになっていました。これは長い会社生活において初めてのことです。

　転職市場が活況になった理由は，転職エージェントの登場と考えられます。いまの仕事を続けながら，転職エージェントのサイトに登録し，オファーを待つという転職活動。これまでにない形であり転職活動が行いやすくなりました。

さらに調べてみると，筆者が体感する転職者増とデータの辻褄は見事に合っています。日経電子版2021年10月29日の記事によると，コロナ禍で落ち込んだ求人は回復傾向にあるそうです。「転職求人倍率」は，「転職希望者数」に対し，「求人の採用予定人数」が何倍あるかを表した指標で，高いほど「転職しやすい環境」と見ることができます。20年夏までは採用を控える企業が多く1.61倍の水準にまで落ち込んだものの，足元では業績回復などを背景に人材不足が加速し，21年7月には2.15倍まで戻したということです。

　さらに現況で特徴的なのが，ひと昔までの転職は「同業種で同職種」だったのが，「異業種で異職種」が増えているということ。筆者もまさに，広告会社から広告会社へ転職した，職種も変わらずクリエイティブ職の「同業種で同職種」組です。が，2021年から22年に届いた転職のお知らせは，記事が示すとおり「異業種で異職種」ばかりでした。デパートから市役所，食品メーカーからIT企業，広告会社から生保会社，広告会社から霞が関の国家公務員など。職種も営業からライフプランナー，イベントプロデューサーから福祉課係長と額面どおり，異職種への転身です。

　「異業種で異職種」に変わる人が増えた，というトレンドの中で，清原さんはどのような就職活動を行えば良いのでしょうか。

自分のスキル，その総括でいいの？

　清原さんの話に戻しましょう。彼女にとって良かったことは「正社員になろう」と目覚めたこと。「40歳を目前にして，将来のために，続けられる仕事で正社員になりたい」と決心して動き出したことです。派遣社員という立場は前向きに考えると，色んな企業で色んな仕事を経験し，スキルアップが図れますが，それでも非正規雇用です。派遣社員として色々な会社で働くことは楽しかったけれど，清原さんは独身で「結婚できるかどうか分からないので，正社員になって安定した立場で定年まで仕事をしたい。ボーナスももらえるようになりたい」と語りました。

　ここまでは清原さんの話，素晴らしいのですが，この後ひっかかるコメント

がありました。「営業アシスタントの仕事はきついので，この先の体力的なことを考えると難しい。なので総務の事務職を希望している」このスタンスでは，いくら活況になった転職市場とは言え，希望が叶う可能性は低いと考えました。理由は，女性の事務職希望は人気で激戦であること。そして，希望する総務の仕事は大学を卒業してから積み重ねてきた経験やスキルに紐づいていないこと。

　清原さんには率直にその2点を伝えました。「○○したい」という希望を持つことは悪くないのですが，「やりたいこと」イコール「やれること」ではない。企業に対しては「○○というスキルがあるので，○○で貢献できる」とアピールすべきです。

　聞けば，清原さんは筆者がうらやむ程のスキルを蓄えていました。大学卒業後すぐに旅行会社で添乗員の仕事で海外を飛び回ってきたこと。TOEIC730点で日常会話には困らない英語力を身につけていること。そこに，広告会社で経験したさまざまの企業と向き合った営業アシスタントとしてのスキルを重ねれば，貢献力の高い人材としてアピールできるのではないでしょうか。英語が出来ることを「大したことない。もっと英語力がある人がいる」と清原さんは考えていました。しかし，**自分が積み重ねてきたスキル＝「やれること」とかけ合わせれば，他の人と差別化できるキャリアの持ち主になれる。自分の来し方に自信を持つことも**，未定年にとっては大切なことです。

┌─ **未定年の生き方13** ─┐
「やれること」に自信を持って，キャリアを考えよう。

14

「人生スケジュール年表」を作る
準備派未定年。

松木浩司さん（仮名・調査会社管理職53歳）

 妻・子供の人生スケジュールとセットで考えねば！

 未定年プロフィール

管理職をそつなくこなしながら，70歳まで働くための人生スケジュールを緻密に作る。長く働き続けるため，学びに投資する。しかし，奥さんはお金を注ぎ込む夫をどう思っているのか著者は心配。

この先に起こるであろう「人生トピック」を書き出す

　「こういうスケジュール表を作っているんです」松木さんは，こっそりとＡ４の紙を横に数枚つないだ年表のようなシートを見せてくれました。こ，これはすごい！　「人生スケジュール年表」！！　自分がめざす場所とその時期に目標とする収入額が一行目。その下に娘さんの人生スケジュール。高校入学，大学入学に伴う７年間の学費はもちろん，部活の遠征費用まで大き目の出費が時系列で書かれている。結婚年齢と支出まで決め込んで書かれているが，それは予定どおり行くのか？　というツッコミを入れたくなる記述はご愛敬だ。娘さんの下の行には奥さまのスケジュール。「妻はパートで働いていますけど，コロナ禍で雇止めとか聞くと，当てにできない」という理由で，奥さまの行に収入額は書かれていない。その代わり「病気予測」の支出額が記入されている。「妻は身体が弱いので，がん治療は視野に入れておこう，と」ご自分は毎年受けている人間ドックの経過が良く，お酒も煙草もやらないので「妻よりは可能性が低いかな」と考えているとのこと。その楽観的なところは，人間にありがちな弱さゆえ，と解釈しましょう。

シニア転職の厳しさに直面して，挑戦したこととは？

　松木さんの人生スケジュール表における大きなポイントは，「50代の間にもう一度転職を考えている」こと。松木さんは今の会社が３社目ですが，60代から大きく下がる年収の下げ幅を，できるだけ少なく出来る転職を目標にしているそうです。松木さんは医療分野の企業でキャリアをスタートさせて，今は調査会社に勤めていますが，ヘルスケアのエキスパートとしての業務を経験してきました。高齢化が進む日本において，医療分野の課題は山積していて，自分のキャリアはきっと社会にも企業にも通用するだろう，と考えていました。
　「しかし，50代の転職は想像以上に厳しいですね」松木さんのキャリアをもってしても，苦戦しているそうです。転職サイトには50歳になって，すぐに登録したそうですが，「希望年収を強気の1000万円と書いたのがいけなかっ

たかも」と反省しています。しかし「人生スケジュール年表」の計算が変わってきます。松木さんの場合，60歳時点で娘さんが18歳，大学受験の年齢になるため，ここから学費がまだ必要なのです。早期退職制度の応募も考えましたが，人生スケジュール表の収支計算の結果，見送ったそうです。

とは言え，大きな目標である「50代転職⇒60代収入ダウン幅を小さく」に苦戦する現状は変わりません。「思っているほど，自分のキャリアは企業に刺さらない」「概念的なキャリア・ストーリーでは第三者に伝わりにくい」と自覚した松木さんは資格取得を決意します。

「人生スケジュール年表」に新たに書き込まれたのは，国家資格キャリアコンサルタントの講座受講と取得です。医療領域でキャリア指導が出来る人材はまだ少ないと考え，希少なスキルの持ち主になろう，と。

このビジョンは，都市経営修士の立場からとても有効だと考えます。行政の現場では「生活困窮や病気などで困っている人に必要な制度と情報が届いていない」という問題があります。その結果，不幸な自死に至るケースが後を絶ちません。国が用意しているセーフティ・ネットは生活保護に限らない。しかし必要な人に必要な制度が届いていないのは，例えば医療現場なら，知識が専門領域に偏った人が多いからです。仕事や時代の変化に応じて，知識を幅広くバージョンアップしていければ良いのですが，日々の業務に追われ，そうも行かない現状もあるでしょう。なので，松木さんのように医療現場で役立つであろうキャリアコンサルタントの学びは，装着したスキルを概念的ではなく，より具体的に提示できる強みとなるはずです。

準備を志す「未定年」の支えになる名言がある

フランスの生化学者・細菌学者ルイ・パスツールが残した有名な名言も未定年世代にとって，キャリアプランを考えるにあたり有効です。**「偶然は準備ができていない人を助けない」「幸運は用意された心のみに宿る」**この言葉を化学や医療領域に限定された話と片付けるのはもったいない。

パスツールは，先人が生み出した天然痘を予防する種痘法を「ワクチン」と

名付け，他の病気にも応用できるのではないかと考えました。その慧眼たるや，見事であり，コピーライターとしても見習いたい応用力。さまざまな伝染病を調べて，それぞれの原因となっている細菌を探しだすという幸運な発見に出会えました。さまざまな伝染病を調べたことは，すなわち後の発見につながるわけです。コロナやインフルエンザのワクチンを打って免疫をつくり，感染しにくい身体にできることもパスツールのおかげでした。

　パスツールは「偉大な人々は目標を持ち，そうでない人々は願望を持つ」という名言も残しています。願望を持つことが悪いこととは思いませんが，目標を携えることの重要性は理解できます。松木さんのように綿密な「人生スケジュール年表」の制作にまでは至らなくてもいい。しかし，ライフプランと紐づく目標・行動は明確にしておきたいものです。未定年はパスツールの名言を信じて，目標を立てて，準備を始めましょう。それは早いほど良いのです。

┌─ **未定年の生き方14** ─┐
「目標」と「行動」を明確にしたライフプランを作ろう。

15

「非生産的多忙」を捨てられない
炎上未定年。

山本正登さん（仮名・総務管理職53歳）

 今をこなすのに精一杯!!　でもセカンドキャリア，考えねば！

 未定年プロフィール

50代中間管理職の典型で，日々業務に追われている。定年後に備え何かやらねば，という気持ちはあるが，体と心がついていかない。「定年後を考えなきゃ」と言われると不機嫌になる。

定年後を考える余裕もない未定年の「あるある」とは？

反面教師的な未定年も紹介します。「どうにか休みをとっても，スマホと
メールに追いかけられる」山本さん。50代でとある企業の総務系部長です。
厚労省主導の働き方改革により，月一回の有休消化を社員に取得させることが
企業の義務になりましたが，その日をリフレッシュの日に出来ていません。

これは「未定年」で中間管理職と呼ばれる人に多い「あるある」のようです。
なんでこんなことに？　と悲しくなるような業務に日々追いかけられる。部下
の精算伝票承認，勤怠管理など，どれも必要な業務ですが，数が重なると時間
が取られイライラも募ります。「非生産的な業務はAIに任せて，クリエイティ
ブな方向に人間の頭を使わせる」方向に進んでいるとは言え，まだまだ過渡期
のようです。さらに部下が思うような働きをしない，と感じ出すと別なストレ
スも生まれます。身体にも不調をきたします。

未定年期に「何もできない日々に潜む危険」がある

人生100年時代において，これは大変危機的な状況です。定年後のために準
備を行う，その必要性を山本さんは理解している。でも何をどうすれば良いか，
考える余裕がない。割り振られた仕事を無責任に投げ出せない真面目さが仇に
なって，定年後にどう生きるか，にまで手が及ばない状況に陥っています。

しかし，こんなに我慢して頑張っている日々もいつかは終わります。今は辛
くてストレスが溜まっているけれど，解放された途端に「燃え尽き症候群」に
陥る。これは日本の企業戦士と呼ばれる人に多い現象であり，「未定年期に何
もできない日々に潜む危険」です。

役職定年で肩書きがなくなったことで，自分の価値が下落したように思えて，
陥りがちなケースもあります。いずれの場合も燃え尽き症候群は長引く傾向で
す。燃え尽きながら「この時期の準備を早くしておけば良かった」と悔やむの
です。人生100年時代の後半，悔やみながらくよくよ過ごすのは実にもったい
ない。肩書きを失い，業務量も減ることで，「会社の役に立っているという自

己効力感」も失われます。「身体も丈夫だし，まだまだやれるよ!!」とばかりに，肩書きがあった時と同様にふるまえば，年下の上司や後輩社員から疎まれます。「まだ管理職気分なんだよなぁ。やってほしいことはそれじゃないんだよ」と年下上司は陰でぼやいています。

　ネガティブなことばかり並べてごめんなさい。でも，いずれも先輩たちが経験したこと。定年を迎えたその時から「さぁて」と腰を上げるのでは遅いのです。この現実から，目を背けないでほしい。

非生産的多忙とつきあいながら，未定年を充実させるために

　では非生産的多忙と日々つきあいながら，「未定年」期をどう過ごせば良いのでしょうか？　定年後の過ごし方を考えるには，どうすれば良いのでしょうか？

　ステップ1は「問題意識作戦」。定年後のことを何も考えず，業務をこなす日々に問題意識を持ちましょう。問題意識を持つだけでも，人間は変われるものです。この章の11で登場した森口さんが実践しました。森口さんのように望まれた管理職の立場を捨てるのは勇気がいりますが，「俺は怠け者だから，このまま楽しい場所にいたら流されてしまう。環境を変えて定年後につながるアクションを何かしないと」と森口さんは考えました。「自分も森口さんのように，せめて問題意識を持とう」まずは，そこからスタートして下さい。

　ステップ2は「週末1分考え事作戦」。考え事のテーマは「子供時代～学生時代にやりたかったことを思い出す」。これ，忙しい日常に押しつぶされて，意外にみんな忘れているのです。筆者にも長らく忘れていたことがありました。モノを書く人になりたい，という夢です。マーケティング本の共著参加のお誘いを受けた時に「そう言えば，小学校の卒業アルバムで『死後生きているような作家・作詞家に』と書いて，先生に勝手に書き直されて腹立った」ことを思い出しました。先生は「死後生きている」を「人の心に残る」と本人の許可なく書き変えてしまいました。私が夢見たのは，そんなことではない。「死後生きている」とは，世の中で何らかの形で機能することだった！　この怒りを思

い出し，共著に参加させてもらいました。それが，いまの執筆につながっています。

　こういうきっかけが得られるとは限らないので，意識して思い出す時間を作るのです。会社から離れる週末の１分を割く。これなら，非生産的多忙に負けそうな炎上未定年にも習慣にしやすいと思います。

　子供時代～学生時代にやりたかったことは，人生100年時代のライフプランを考える起点になります。やりたかったことを思い出し，あきらめるのではなく人生の後半を楽しむために実現させる。やりたかったことは，セカンドキャリアにつながることでなくてもいい。趣味やスポーツ，人それぞれのやりたかったことが，きっとあるはずです。それを思い出したら，ステップ３「やりたかったことを実現するために」どうすれば良いか考えるために，週末の１分を使いましょう。

┌─ 未定年の生き方15 ─────────────────┐
│「何も考えられない」多忙な日々は危険，と考えよう。
└───────────────────────────────┘

16

「大好き」と向き合う野球少年な未定年。

横川真司さん（仮名・メーカー管理職49歳）

 「大好き」がセカンドキャリアの種になると思ってる。

未定年プロフィール

 仕事が好き，だけじゃない管理職。野球が好き，野球に打ち込む自分が好き，という未定年。大好きな野球の延長線に何かがあればいいな，と密かに思うが，具体的な準備はこれからである。

野球の話をする時，表情が別人級に輝く

　えらくつまらなそうに答えるなあ。筆者の質問「なぜキャリアコンサルタントの資格を取るの？」に対して，講座の同期，機械系メーカーの人事部で課長を務める横川さんの答えは目に見えてつまらなそうでした。「あぁ，人事部勤務だから取っておくか，って感じです。産業カウンセラーはすでに持っているから，一からの勉強でなく，続きで取れるみたいだし」クールな返答だな。「未定年」時代のロールモデルになる熱い話を聞きたかった筆者は拍子抜け。まぁ人事部勤務なら半分は業務命令かもしれず，冷たいリアクションも仕方ないかもしれません。

　しかし，「趣味は野球」と語りだしてからの横川さんは変わった。声は大きく強くなり，表情は野球少年そのもののように輝き始めました。そして結論から先に言うと，筆者の見立てですが，横川さんは野球を起点にセカンドキャリアを形成するべき，そのため「未定年」期の今，何を行うか考えてほしい，と。

　横川さんは新入社員の頃，上司の誘いで会社の野球部に入り，のんびりと草野球を楽しんでいました。結婚して子供が生まれると，奥さんの興味と愛情はすべて子供に注がれ，家庭には居場所がないように感じだします。すると，ますます野球にのめりこむようになる。のめりこむと接待野球やのんびり野球に飽き足りない気持ちを抱きだしました。「会社の野球部は土曜日に集まって練習するんです。私は新人の時にただで飯食えるよ，とか言われて勧誘されたので，勝ち負けにこだわるとか，一生懸命頑張るとか，最初はそういう雰囲気では全然なかった。取引先さんと試合やって，いつも我々に勝たせていただいて，食事でも接待みたいな感じでね。それはそれで楽しかったんですけど。こんな野球でいいのか，という声が出てきて。もともと学生時代に野球やっていて，もっとちゃんとやりたいんだ，という部員もいて。じゃあ，もうこういう接待野球と縁を切って，自分たちで本当に勝ちに行こうと呼びかけまして。私が言いだしっぺですから，監督になったわけです」

　大好きなことを話す時，人は最大級に幸せを感じる。横川さんの話を聞いて

確信しました。

「大好き」を起点にセカンドライフを考える

　横川さんの野球トークはまだまだ続きます。監督になってからの横川さんは，ついに草野球の公式戦でチームをリーグ優勝に導きました。「監督になった当初，何が強みで何が弱みで等を書き出していく会議から始めまして。理系の会社ですから，みんな頭で考えるのが好き。だから，体力使って練習を詰め込むというよりはロジックで勝負する頭脳野球をめざそう，となったのです」

　たいへん戦略的，かつ野球愛が伝わる横川さんの野球トークを聞いて「この人のセカンドライフは野球起点で考えると，きっとうまくいく」とおせっかいながら考えてしまったのです。

　そこで思いついたのが「キャリアシュミレーション・ツリー」。クリエイティブの現場では，アイデア発想のツールとしてマインドマップとかメモリーツリーといったものが使われることがあります。マインドマップの場合，紙の中心に書いたテーマを起点に関連する言葉をつなげていくと，ロジックやアイデアが生まれます。クリエイティブの場合，言葉から言葉へ連想ゲームのように書き連ねていくことで，見逃していた何かを発見し，広告のアイデアが生まれます。この発想術を応用して，筆者が考案したのが「キャリアシュミレーション・ツリー」です。好きなことや興味のあることを起点に，事実・結果・気持ちをつなげていくことで，セカンドキャリアをどう形成するか，実現のために「未定年」期に何が必要かが炙り出されます。

　横川さんの場合，草野球とは言え，実力ゼロのチームをクラス昇格からリーグ優勝にまで導いたわけです。その指導力をぜひともセカンドキャリアにも活かすべきだと考えて，シミュレーションを行いました（次ページ）。

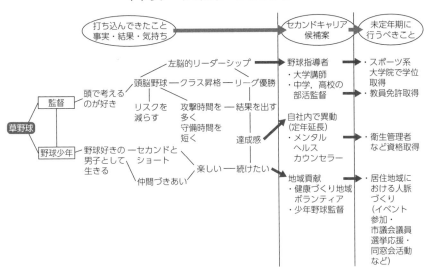

キャリア・シミュレーションツリー

| 打ち込んできたこと
事実・結果・気持ち | セカンドキャリア
候補案 | 未定年期に
行うべきこと |

野球指導者
・大学講師
・中学，高校の
　部活監督

左脳的リーダーシップ

頭脳野球―クラス昇格―リーグ優勝

頭で考える
のが好き

リスクを
減らす

攻撃時間を―結果を出す
多く
守備時間を
短く

達成感

自社内で異動
（定年延長）
・メンタル
　ヘルス
　カウンセラー

監督

草野球

野球少年

野球好きの―セカンドと
男子として　ショート
生きる

楽しい―続けたい

仲間づきあい

地域貢献
・健康づくり地域
　ボランティア
・少年野球監督

・スポーツ系
　大学院で学位
　取得
・教員免許取得

・衛生管理者
　など資格取得

・居住地域に
　おける人脈
　づくり
　（イベント
　参加・
　市議会議員
　選挙応援・
　同窓会活動
　など）

出所：横川さん（仮名）へのインタビューを元に筆者作成

「大好き」や「得意」に学びをプラスする

　しかし横川さんは筆者がおせっかいを焼かなくとも，野球に紐づくセカンドライフのロールモデルを自ら掲げていました。彼はキャリアコンサルタント講座でもずば抜けて優秀。横川さんの勉強法や発言をトレースすることで，筆者も資格試験をなんとか一発合格できました。その横川さんとのキャリア雑談で出たのが「元プロ野球選手・工藤公康さんのセカンドキャリアの形成の仕方が，とても参考になる」でした。横川さんが話してくれた工藤さんの話はこうです。

　工藤さんは，ピッチャーとして，48歳まで29年間も現役生活を続け，224勝を挙げた球界を代表する大エースです。48歳まで現役を務めることができたのは，スポーツ医学と出会い，理にかなったトレーニング理論を学び，実践してきたからだそうです。現役引退後は，筑波大学の大学院に入学して，本格的なスポーツ医学の道に進みました。ソフトバンクホークスの監督を歴任した後は博士課程に進み，ピッチャーの肘や肩を壊さないトレーニング方法を研究

し，ジュニア育成に貢献していきたいと語っています。

「自分が得意とする領域を，学びによって高めていくことが，セカンドキャリアを形成する原動力になると思う」横川さんの名言です。こうした意識を持てば，リカレント教育の自分ごと化も進み，めざしたいセカンドキャリアから逆算した「未定年」期にやるべきことが見えてくる。さらに得意なこと，好きなことを起点にして，その延長線で考えれば，セカンドキャリアを考えることが憂鬱にならず，楽しくなると思います。「と言いながら，工藤さんのように頑張れないし，あれこれ迷い中ですけど」と笑う横川さんは，迷いを楽しんでいるようにも見えました。

┌─ 未定年の生き方16 ─────────────────┐
│ 「好きなこと」を起点にセカンドキャリアを考えよう。 │
└────────────────────────────┘

▶ コラムC　　　　　「何をやればいいか」分からない時どうするか。

「ずっと働きたいんだけど，そのために今，何をやればいいのか，わからないんだよね」キャリアコンサルタントの資格を取って以来，50代未定年から，そんな悩みを多く聞くようになった。共通するのは「ずっと働きたい」という意志。奥さんがひと回り年下だから，子供がまだ小さいから等，理由は個人差あり。

よくよく話を聞くと，「ずっと働きたい」は「ずっと働かないといけない」事情が主で，どうもそれが「何をやればいいのか，わからない」原因になっているようだ。「働きたい」と「働かないといけない」は似て非なるもので，前者は欲望，後者は事情。前者は働きたい理由が「働くことが好きだから」「ずっと元気に過ごしたいから」と概念的で明るい。一方，後者の事情は「家のローンや子供にお金がまだまだ必要だから」と現実的になる。事情は

そもそも面倒なゆえに向き合うことが後回しになり，結果「何をやればいい
のかわからない」人が多くいる。辛いことを先送りしてしまう。それが人間
の本能のようだ。

「何をやればいいのか」を掴むためにどうするか。筆者の提案は「自分の
ことは人に聞け」である。自分の強みは何か，何に向いていて，どう生きる
のが良いか。自分を好きでいてくれて信頼できる人とブレストするのだ。

ちなみに筆者の高校同級生の生きる道を探る「あなたブレスト」を行った
結果，彼女（中学校教師）から「早期退職しようとしたけど，定年まで頑張
る」と方針変更の連絡が来た。自分は学校現場に向いてないとずっと思って
いたけれど，筆者との話で「役に立つ自分」を認識できたから，だと言う。
彼女は人当たりがやわらかで，学生の頃から聞き役だった。生徒の話を「決
めつけずに聞ける能力」は，問題山積みの現場できっと求められているはず。
そのことを彼女に伝えた。自分のことは，自分が一番分からない。だから，
自分のことは人に聞こう。

【「自分のことを人に聞く」＝「私ブレスト」質問リスト】

私は誰？　どんな人？　信頼できる友人・同僚・家族に聞いて
「何をするか」のヒントに！

☐ 私の「長所」は？
☐「仕事における」私の長所は？
☐ 私を見ていて「すごい！」と思うことは何？
☐ 私を見ていて「好き！」と思うことは何？
☐ 私に「向いている」仕事・趣味は何だと思う？
☐ 私の「何が社会に役立つ」と思う？
☐ 私が「楽しそうに」しているのは，どんな時？

17

「なぜ会社に残るの？」を問う
開拓者未定年。

大井陽介さん（仮名・自動車会社元社員53歳）

 むずかしい資格を突破して，今までと違うキャリアを生きる!!

未定年プロフィール

 自動車会社で30年勤務の後，早期退職。海外駐在8年の語学力を生かし，難関資格の全国通訳案内士の資格を取るべく，勉強を始めた。大学受験の子どもと机を並べる日々を送っている。

50歳を過ぎて「会社に残る理由」が分からない

「なぜ辞めないのか不思議なんですよ」50歳を過ぎて，早期退職制度に手を挙げた大井さん。自分の会社生活は見えているのに。この先で役職につけるわけでもないのに。退職金の上乗せがあるのに。

でも残る理由は簡単ですよね。働き続けて給料をもらう総額のほうが，上乗せされた退職金を上回るから。子供が小さければ教育費が，住宅ローンが残っていれば返済が気になるのは当然です。辞めたあとの次が見つかる確証が持てなければ踏み出せないことでしょう。

「僕も住宅ローンは残っているし，子供は高校三年だから今年大学受験だよ」と大井さんは笑います。その状態で家族の反対はなかったのか。「反対はなかったけど，心配はさせてる」それでも迷いなく早期退職へと背中を押したものの正体は何でしょうか。

海外駐在8年間が変えた意識の中身とは？

海外では現地社員を束ねるリーダーとして活躍された大井さん。毎日現場業務があり，中国語でクルマを売らねばなりません。「これも駐在員の醍醐味ですかね，明日も早歩きしてセールスマン頑張ります！」というSNSの記述はイキイキしていました。日本で過ごす日々とは全く異なる時間の積み重ねについて「デスクワーク中心の仕事から，現場の立ち仕事中心になったこと。でも新しいことを始める緊張感と疲労感が妙に心地よい。カラダを動かす仕事が合ってるのかもしれませんね」という文章もありました。

この海外駐在があり，今回の決断に至ったそうです。会社のために何かを考えることは「やりきった」と大井さんは言います。筆者の解釈ですが，今までの専門性とはあまりにも違う，立ち仕事中心の日々を海外で8年間も過ごすことで，頭と心が日本社会の常識とは異なる方向へ進化したのではないでしょうか。海外では転職・退職はごく普通に行われている。転職をネガティブと捉えない文化が，日本より一足早く根付いている海外の空気を吸い，実際に笑顔で

スイッと会社を変わっていく外国人と接することで，大井さんは標準的日本人と違う進化と変化を遂げていったのでしょう。

好奇心と挑戦心が突き動かす方向とは？

「人生を主体的に考えなきゃ」と語る大井さんはその実践者であり，早期退職して新たな人生の地平を切り開く一歩へと踏み出しました。

大井さんが退職後に進む道は，別の企業への転職ではありません。まずは失業保険を受給しながら，全国通訳案内士の資格取得の勉強を始めるそうです。大井さんの海外駐在キャリアと語学スキルがあれば，転職エージェントに登録して次の働き先を得ることは難しくないはずです。しかし，企業で働くことは「やりきった」からその道は選ばないと言います。

詳しく聞くと，全国通訳案内士は言語資格における唯一の国家資格で，合格率は2018年以降10％を切るほど試験は難しいそう。一発合格はまず無理で，しかも試験は年一回しか行われないため，資格取得まで３年程かかるのは普通だそうです。外国人を日本の色々な観光地に案内し，歴史や文化を外国語で案内する通訳ガイドの仕事をするための仕事で，全国通訳案内士を名乗るには，国家試験に合格し自治体に登録する必要があるそうです。語学が堪能なだけではなく，「外国語」「日本地理」「日本歴史」「一般常識」という筆記試験もあるとか。筆者の国家資格キャリアコンサルタントも理論や法律など幅広い知識の暗記が必要でしたが，地理と歴史の筆記試験の難易度は想像が及びません。

そのキャリアプランと共に早期退職の意志を上司に伝えるも，なかなか理解はしてもらえなかったそうです。日本の転職スタンダードとはあまりにも乖離があるから腹落ちできない。おそらく慰留もされたのではないでしょうか。しかし大井さんの意志は変わらなかった。すごいことだと思います。会社での仕事を「やりきった」という言葉の裏には，定年までとそれ以降も働く自分が，このままでは見えてこない，だから辞めるというキャリア戦略と紐づいているのでしょう。

周囲が理解に苦しんでも，大井さんの中ではロジックが成立しています。早

期退職においてよく聞くのが「とりあえず辞める」「辞めてから考える」ですが，それとは大きく違います。

　大井さんなら難関の通訳士試験を突破できるでしょう。英語と現地語は海外赴任が決まってから勉強を始めて，しっかり身につけたそうですから。ちなみに語学習得に必要なのは，言葉に触れる量と言葉への愛，この2つで何とか習得できたそうです。

　さて，大井さんの未定年ストーリー，「普通とは違いすぎて参考にならない」と思った方，多いことでしょう。筆者もそう思いました。しかし，大井さんから誰もが学べることがあります。それは「50歳を過ぎたら，会社を辞めない理由」を意識する，ということです。会社を辞める，辞めないはどちらもあってよい。しかし，辞めないならお金のため，生活の安定のため，だけではなく会社に居続ける理由は何か。会社に居続けることで，どんな価値を得られるのか。どんな志と共に生きるのか。これらをしっかり考えよう，ということです。ほんやり会社の業務を日々こなすだけでは，人生100年時代を生き抜けないということでもあります。

┌─ **未定年の生き方17** ─┐
「なぜ辞めないのか」を考えよう。

18

「会社と別れて」生き返った学術肌未定年。

松波剛士さん（仮名・大学教授59歳）

 会社と別れても，昔の自分と「つながってる力」が
人生を支えてくれる。

未定年プロフィール

 元・コピーライター，現・大学教授。みごとな転身は，積み重ねた
スキルと地続きに別のフィールドがあることを示してくれている。
そこに至るまでの苦悩は，ミルフィーユのように重なっているはず
だけど。

クリエイティブ専門職ゆえの苦悩がある

　クリエイティブの仕事に就いていると「専門職はいいなあ」と言われがちです。しかし，専門職であるがゆえに「なかなか捨てられない」苦悩があります。コピーライターの場合，子供の頃から作文が得意，悪く言えばそれしか取り柄がない，その延長でこの仕事に就いた人が多い。結果，セカンドキャリアを考えようと言われても「他にやりたいことが見つからない」のです。好きなことや得意なことを仕事に出来て定年を迎えられた，それは幸せな人生です。しかし，人生100年時代，国からは「70歳まで働け」と匕首を突きつけられて，セカンドキャリアは考えざるを得ない時代になりました。ファーストキャリアのまま，専門職のまま定年延長したり，退職してフリーランスとして働く先輩方もいます。もちろん選択肢として否定されるものではない。しかし，前者の場合は仕事の内容はさほど変わらないのに収入ダウンで苦しみ，後者のフリーランスの場合は思っていたほど仕事が来ない。SNSで「7か月ぶりに仕事が来た」というフリーランスの先輩の記述を見ました。

　そんな苦悩を抱える専門職未定年が参考にしたいのが，某大学の教授・松波先生の「会社と別れる力」です。

ピンチをセカンドキャリアの入り口に変えた

　松波先生は大学卒業後，コピーライターとして広告会社に入社しました。しかし，上司との人間関係や仕事そのものの悩みを抱え，30歳で休職し大学院に進みます。大学院で論文執筆を経験する中で「長い文章を書くことは苦じゃない」自分に気づきます。その気づきと共に，松波先生は広告会社を退職し，35歳で大学講師のセカンドキャリアに踏み出すのです。

　「なんだ，普通の転職話じゃん」と思われるかもしれません。しかし，松波先生のストーリーにおいて未定年が学びたいポイントは3点あります。**1点目は「自分を俯瞰する力」**。松波先生が広告会社に在籍した時代はコピーライター・ブームでした。糸井重里さんや林真理子さんといったスターが生まれ，

同じ仕事をめざし，大学のかたわら宣伝会議などの養成学校へ通いWスクールで学ぶ人も多かった時代。そんな時代の若者垂涎の職＝コピーライターを捨てる。しかも大手広告会社社員という安定ごと捨てる。大変な勇気を必要としたことでしょう。しかし，松波先生には自分を客観視する力があった。短い文章のコピーより長い論文のほうが自分には向いている，と判断しました。専門職と別れられたのは単純に捨てる勇気があったからではなく「自分を俯瞰する力」，言い換えると自分をプロデュースする力を持っていたということです。

　2点目は，終身雇用世代ならではのひとつの会社で定年まで勤めあげるべし，という「絶対的価値観と別れる力」です。40代後半から50代後半の末定年は，1961年生まれの松波先生が35歳でセカンドキャリアに踏み出したことに驚きを感じるのではないでしょうか。この世代は，働き方改革という概念もなかった時代で，職場で多少の悩みがあっても我慢して定年まで勤めあげる，それがまともな社会人の在り様でしたから。親世代からも転職は「世間体が悪い」といった言葉を投げられがちです。そんな時代の絶対的価値観をはねのけ，ピンチをセカンドキャリアの入り口に変えた松波先生には，あふれ出る尊敬の念を隠すことができません。そして，これは結果論ですが，遅くに授かったお子さんのことを思うと「大学なら70歳まで働けるから，これで良かった」とのこと。ウィキペディアで紹介されている松波先生のユニークな著書のタイトルを眺めても，松波先生の判断は「これで良かった」と思います。

「キャリアの価値転轍」という考え方

　さて松波先生に学びたいポイントの最後3点目は「キャリアの価値転轍力」です。コピーライティングやマーケティングにおいては，それまでの商品機能を変えずに，使用者にとっての価値（ベネフィット）を転換するということが，よく行われます。例を上げると，図書館。かつては「本を借りる所」でしたが，コロナ禍で出現したテレワークというスタイルにより「仕事や学びの場」に価値転轍されています。本も借りると返すのが面倒なので，その場で読みきってしまい，借りずに帰るという人も増えています。価値転轍のほんの一例です。

松波先生の場合，コピーライターの土台になっている文章力はそのままに，論文を書く先生へと価値転轍し，フィールドは広告会社から大学へと変わったわけです。このように，自分が持っているスキルや経験はそのままに，価値を変える，フィールドを変えるというキャリア戦術を，未定年は考えてみてはどうでしょうか。長らく積み重ねてきた経験やスキルと全く違うことを探すことは難しい。長らく会社や業務ミッションへの貢献を一途に考えていたほど，違うキャリアプランなんて見つけられない。他に好きなことなんて思い浮かばない。そんな未定年は「キャリアの価値転轍」を検討してみてはどうでしょう。

　積み重ねてきた経験やスキルが違う場所で喜ばれることもきっとあるはずです。松波先生のストーリーは才能に恵まれた人の特別，ではない。未定年の誰もがロールモデルに出来る戦術を示唆しています。

```
┌─ 未定年の生き方18 ─────────────────────┐
  自分の経験・スキルは，別の場所で生きるかもしれない。
└─────────────────────────────────────┘
```

19

置かれた場所で見つけた「大志」を
咲かせる未定年。

吉田忠さん（仮名・NPO法人代表62歳）

 社長の名刺は少し恥ずかしいけど，肩書きがあるって気持ちいい！

 未定年プロフィール

元・広告会社営業。定年延長の後，62歳で退職，NPO法人を立ち上げ，代表取締役社長となる。「未定年」時代から出会いとアイデアを大切にした生き様を，本文で確認し参考にしてほしい。

定年カウントダウン期から延長期を無駄に過ごさなかった

　定年までのカウントダウン期から定年延長期において，ロールモデルとなる生き方を実践した元・未定年を紹介しましょう。

　吉田さんは広告会社で営業局長まで務めた後，56歳で業界団体へ出向します。出向をどう捉えるかは，個々の価値観や行き先によって一概には言えません。とは言え，世間一般では出向をネガティブに捉えることは多いのではないでしょうか。

　しかし吉田さんは違いました。「会社の外へ出て，自分を客観視するようになり，会社の看板とは関係のない個としての自分の強み・弱みを意識して仕事するようになった」と言います。

　定年を迎えて会社に戻る際は「定年延長期間を自分の新しいチャレンジの為の助走路として目いっぱい使わせてもらおう！」という意識を持ち，若手のサポートも含めて新しいことにどんどん手を挙げて，セカンドキャリアのために必要な新しいスキル・ネットワークの蓄積に集中したそうです。若手社員のように企画書を自ら書き，プレゼンも手掛けたそうです。何もしないシニアを陰で「妖精さん」と呼ぶ言葉がSNSから生まれましたが，吉田さんはその正反対です。

　2021年4月に施行された新しい高年齢者雇用安定法では，「70歳までの就業確保措置」が事業主の努力義務となりました。これは現時点では「雇用の確保」ではなく，定年が70歳まで延長される，ということではありません。しかし高齢者の増加により，我が国の年金はますますの削減が予想される。我々国民は**70歳まで何らかの形で働くことを視野に入れる覚悟が必要**なのです。

　そんな時代の変わり目において，吉田さんは定年カウントダウンの「未定年」期から定年延長期を無駄に過ごさず，70歳まで働く目途をつけたのです。

定年延長期を前向きに生きた結果，得たのは「大志」

　定年延長期を新しいスキルの装着とネットワークづくりに努めた結果，吉田

さんは色々なスタートアップ企業とつながりました。その中で「農福連携」というテーマに出会います。胡蝶蘭の栽培・販売により，重度の知的障がい者の仕事を創り出す仕事です。障がい者の皆さんが栽培した胡蝶蘭を企業に買ってもらう。祝い花などを，企業が取引先への贈答に胡蝶蘭を購入することは多々あります。その動線をつくる仕事は，これまでの人脈が大いに役立ったそうです。社会課題を解決するという「大志」が生まれ，どんどん育っていったことは，想像に難くありません。

　吉田さんの「大志」は他にもあります。定年退職者と企業が新しい関係を結ぶ仕組み「アルムナイ」の立ち上げです。「アルムナイ」とは，雇用とは違った形で定年退職者の能力を活用していくものです。対象は定年退職者に限らず，転職者も含まれます。吉田さんは「アルムナイにより退職・転職した人材の能力を活用することが，本人はもとより会社の利益にもなる」という「大志」を抱いているのです。

　定年延長して，慣れ親しんだ今までの仕事の「続き」を行うのもありでしょう。年下の上司とうまくやりながら，組織に貢献することも素晴らしいことです。しかし，吉田さんのように置かれた場所で別の花を咲かせる，という生き方はどうでしょう。置かれた場所で新しい「大志」となる別花を咲かせ社会に貢献する。どう見てもカッコいいですよね。

定年延長で咲いた花を散らさず大きくするプランとは

　新しい花を咲かせた吉田さんから，この原稿執筆中に退社のご挨拶が届きました。65歳の定年延長終了を待たずしての退社後は「農福連携」のNPO法人のマーケティングを支援する会社を立ち上げる，とのこと。肩書きは「代表取締役社長」です。おー，そうなりましたか。やっぱり吉田さん，カッコいいです。置かれた場所で出会った障がい者の自立を支援する仕事をさらに拡大させたいという思いに動かされての退職と起業とのことでした。「さまざまな新しい仕事で，多様なスタートアップとのつながりができたのが，会社卒業後の財産になっています」と言います。

会社という枠に収まっていると，叶えられない「やりたいこと」もあるはず。
たった一度の人生，と思ったら，人生や社会に対して行いたい「大志」は何か
を考えてみてはどうでしょう。日本人は職選びでなく会社選びをしがち。とく
に40代から50代は職選びをしてこなかった，それが顕著な世代です。そのた
め「大志」と言われても，すぐには浮かばないことでしょう。

　「大志」と言うと，言葉つきは大上段ですが，どんなことでもいい。社会に
対して自分が出来ること，やってみたいこと，それが「大志」です。筆者の周
りには「大志」を紡ぎ，会社と別れた若者「未定年」が生まれています。人々
の人生に寄り添いたい！　と保険のライフプランナーに転職した若者「未定
年」。日本を動かす仕事がしたい！　と霞が関の役人に転職した若者「未定年」。
若い世代ほど「大志」は紡ぎやすいのかもしれません。しかし本来「大志」は
世代を問わず抱けるものです。

　「未定年」の時代に，自分なりの「大志」を抱く。それは人生100年時代を
自分らしく生きる準備になります。

┌─**未定年の生き方19**────────────────┐
│ 定年後につながる新しい「大志」を抱いて行動しよう。　　　│
└────────────────────────────┘

20

「早期退職」に大満足！ 若者と仲良し未定年。

佐藤徹さん

（仮名・マルチコネクトプロデューサー57歳）

若者から教わることで，いまの時代を生き抜くスキルが得られるよ！

未定年プロフィール

55歳で早期退職。スタートアップ企業を支援する会社に籍を置き，若い世代に囲まれて働く日々。
「未定年」時代に得た「会社を辞めたら連絡して」という人脈を大切にした結果，今に至っている。

早期退職制度の利用，「何も考えずに辞めた」は本当か？

「何かをしたくて辞めたわけではない。何もないまま辞めた」佐藤さんは，55歳で広告会社を早期退職し，現在はマルチコネクトプロデューサーという肩書のもと，スタートアップ企業の支援に携わって，日々充実しているとのこと。マルチコネクトプロデューサー，何をするのかよく分からないけどカッコいいな。

佐藤さんは，WEB系や転職系のサイトから，色々なインタビューを受けていますが，どの答えもキラキラしています。しかし「やりたいこと＝仕事になり，日々充実している」なんて，にわかに信じがたい。「何かをしたくて会社を辞めた訳でなく，何にもないまま辞めた」ことも，それが本当なら，何が背中を押したのか。辞めた後どんな行動をとって今に至るのか。

キャリアコンサルタント視点から言わせると，早期退職制度において，目先の退職金割増に惹かれ「とりあえず辞めて，少しゆっくりしてから後のことを考える」は危険な入り口です。少しゆっくりしてしまうと，再び働くのがイヤになる人がいれば，次の働き口が見つからない人もいる。特に大企業で役職経験のある人はプライドが捨てきれず，次も大企業と考えてしまったり。よくある「早期退職あるある」です。佐藤さんの「何もないまま辞めた」は，それが額面通りなら，とりあえず辞めた早期退職あるあるに相当します。

これは佐藤さんに聞いて，ハッキリさせよう。さらに，過去のインタビューアーが聞きだした「キラキラ話」だけではなく，「ダークサイド」を聞きだそう。良かったこと，良くなかったことの両方を蔵出ししてもらって，未定年の皆さんに有益な情報としてお伝えしよう。そう考えて，佐藤さんに取材を申し込みました。

なぜ簡単に会社の看板を捨てられたのか？

もうひとつ未定年にとっての関心事は「会社の看板なしで，どれほどのことができるのか」とくに終身雇用制度に守られた40代後半から50代後半にとっ

ては，気になることの大きなひとつでしょう。

「本当に何も考えずに辞めたんだよ」疑い深い筆者に，佐藤さんはカラリとした笑顔でそう言いました。「何かをやりたい，という構想は全くなくて，もう1度自分を試してみたいと思ったことが裏表のなしの正直な気持ち」疑い深い筆者の心を見透かすように，佐藤さんは断言されました。「ただ50歳の時，定年までのあと10年，会社生活をどう仕上げるか悩んでいて」その気持ちを70代の先輩に打ち明けたら「50歳，まだ若いね。これからなんでもできるね」と言われて，会社生活しか考えてなかった自分がカッコ悪いな，と思ったそうです。なるほど，早期退職を選択する前に，キャリアプランを会社生活だけで考えるのはナンセンス，と佐藤さんは気づいたわけです。会社の看板がなくなる不安の前に，会社の看板に頼り続けるネガティブ面を考えた。そんな時間を経て，「自分を試してみたい」早期退職の選択ならば，話は異なります。看板を捨てる不安より，看板に頼り続ける危険がある。看板を頼り続けることで，キャリア人生の幅が気づかぬうちに狭くなっているとすれば，何ともったいないことでしょう。

会社の看板を捨てた後，会社で得たものを活かして生きる

実は佐藤さんは，何も考えずに退職したとは言え，前職の仕事で交流のあったスタートアップの人たちからは「辞めたら連絡して」と言われていたそうです。何も考えずに辞めたけど「手がかりが何もなくて辞めた」のではないことが分かりました。やっぱり。佐藤さんは早期退職あるあるでありがちな，武器を持たない「完全丸腰」ではなかったことが分かりました。「辞めたら連絡して」これは早期退職後のキャリア戦略において，大きな武器です。

いまは「北九州のスタートアップ企業の組織の一員として，マーケティングやブランディングを考えていて，それが楽しい。30代のCEOに刺激を受けて日々勉強してる」と。さらに広告会社時代は営業職だったので，その中で身につけた人材アサイン力と人脈が，いま役立っているそうです。この話，未定年はスルーしてはいけません。

とくに営業職の方は刮目です。クリエイティブの専門職である筆者は「手に職あるからいいね」とよく言われます。確かに，今こうして執筆をさせて頂けるのは，コピーライターを続けてきたことと地続きなので否定はしません。しかし営業職や事務系の方も，続けてきた履歴の中で得たスキルや知識が必ずあるはずです。なのに，その価値に気付いていない。大したことない，誰でもやっていると思い込んでいる。果たしてそうでしょうか。

　佐藤さんの場合，「同期があまりにも優秀だから太刀打ちできない。人がやりたがらない仕事で生き残ろう」と20代で意識しました。2000年代は登場したてのデジタル領域の仕事を何でも引き受けたといいます。Webサイト制作・メディア出稿・口コミ分析など，細かい作業も厭いませんでした。いまやネット全盛時代。人が嫌がることを引き受けてきたことが財産になり，いまの佐藤さんを助けてくれていることは言うまでもありません。

　過去に行った何かが，次の自分を助けてくれる。これからのキャリア戦略で大切なエンジンとなってくれる。次の自分を助けてくれるのは，長く続けてきたこととは限りません。ピンポイントで短期間に行った何かかもしれない。未定年の皆さんは，佐藤さんの事例を参考に，過去の経験や知らずに身につけたスキルを棚卸ししてみましょう。そこから人生100年時代のキャリア戦略が見いだせると思います。

> ┌─未定年の生き方20─
> 職務経験からセカンドキャリアの種を見つけよう。

21

「惜しまれて去った」別れ上手の未定年。

井川真紀さん（仮名・画家62歳）

 周りの期待より，自分の「やりたい」を優先する「未定年」はいかが？

未定年プロフィール

 元・CMプランナーの画家。「私の絵が誰かを喜ばせて役に立つなら」と寄贈先を探す昨今の井川さん。この画風なら高く売れるのになあ，と筆者は密かにそろばんパチパチ。

惜しまれながらも会社と別れた理由とは

　なるほど，こういう考え方もあるんだ。井川さんが定年を待たずして45歳で会社を去る時に言った言葉「どこを切っても同じ金太郎飴のような人生はイヤ」。

　井川さんは某地方都市の広告会社CMプランナーでした。退職してフリーランスとして売り込みに行ったところ「契約社員で働いてくれませんか」とスカウトを受けました。井川さんは企画がうまいだけではなく，クライアントや営業と落ち着いた関係を作れる社会人としての良識を兼ね備えています。狂気と良識を併せ持った稀有な存在。なので契約社員とは言え，当然更新を重ねてきました。が，「会社から契約を切られる前に，惜しまれている間に去って，別のやりたいことをやる」と決めました。ずい分と引き留められたそうですが，迷わず鮮やかに会社を振ったのです。「たった一度の人生，ひとつのことだけで終わるのはもったいない。あれもこれも欲張ってやりたいからね」聞けば納得の考え方です。

子供の頃の自分を喜ばせることって何だろう

　そんな井川さんの新しいやりたいことは，「画家になること」でした。そう言えば「子供のころは漫画家になりたかったんだ」と聞いていました。井川さんは会社を辞めてすぐ，ある会派の師匠に弟子入りし，油絵を学びました。そこからは，とんとん拍子でコンクールに連続入選し，新人賞を受賞，会派の准同人から同人に上り詰めたのです。そこまでの5年間は実に楽しそうでした。ご主人がしっかり稼いでいて，お金の心配をしなくて良いからこそ叶えられる生き方ですが，働いてお金を貯めるだけが人生じゃないなあ，と当たり前なことに気づかされます。健康で文化的な生活を維持するために，家族を養い，子供を学校に行かせるためにコツコツ働くことは尊いことです。しかし，そのコツコツと積み重ねる日々の下敷きになって，自分がやりたかったことが押しつぶされているとしたら。いつしか人生が，金太郎飴のように「どこを切っても

同じ」になっているとしたら。たった一度の人生，もったいないかもしれません。

　フィギュアスケートの羽生結弦さんは2022年北京五輪で幼少期からの悲願だった高難度の技＝４回転アクセルにチャレンジしました。惜しくも転倒し，回転不足ではありながらも，国際スケート連盟に〝４回転アクセル〟だと世界で初めて認定されたことは，多くの国民が記憶に残す事柄です。メダルは逃したものの「今まで４回転半を跳びたいと目指していた理由は，僕の心の中にいる９歳の自分がいて，あいつが『跳べ！』ってずっと言ってた」「（９歳の自分に）ずっと『お前，下手くそだな』って言われながら練習していて。今回のアクセルはなんか，褒めてもらえたんですよね」とコメントしました。

　「９歳の自分が原動力」なんて，若い彼から学びますね。井川さんが選んだ画家の道は，まさに羽生結弦さんと同じ「漫画家になりたかった子供の頃の自分」を喜ばせ，褒めてもらえるはずの生き方です。

　さて未定年の皆さんは，子供の頃，どんなことを望み，叶えたいと思っていましたか？

子供の自分を喜ばせるため，いま出来ることを考える

　人生100年時代，年金も先細る中，長く働き続けるために未定年はできるだけ早く準備をしなきゃ。そう思っています。しかし，長く働き続けるため，だけでなく「長く楽しみ続けるため」というスタイルもあっていい。未定年時代はしっかり働いて，老後のためにしっかり貯めて「定年後は自分にご褒美をあげよう」でもいい。井川さんを長年観察してきて思うことです。

　筆者が子供の頃の自分を掘り起こすと，いくつか「やりたかった」が出てきます。ピアノと中国語を習いたかった。アナウンサーになりたかった。親友と漫才コンビを組みたかった。お，結構ありますね。漫才は会社の後輩とM-1グランプリに出て予選落ちしたので，子供の頃の自分は少し喜んでくれたかも。

　もうひとつ誰にも言ってないことは「北海道の子供になること」。筆者は小学校時代を札幌で過ごしましたが，父親の仕事の都合で大阪に引っ越しました。

札幌の前は横浜だったので，言葉や気候の違いになかなか慣れることができず，登校拒否をしましたが，苦闘の末「この街の子供になろう」と決心したのです。そして，札幌が大好きになりました。しかし決意の甲斐なく，大阪へ引っ越すことになった。その悲しかった自分を慰めてやりたいと思っています。両親からすれば，親の都合で人生を変えられたことを「根に持ってる」だけですが。「未定年」の今は一生懸命働き無駄遣いしないようにして，いつかは札幌に小さいマンションを買い，幼馴染とランチや旅行に行って楽しく過ごしたいと企んでいます。雪かきもできるよう身体づくりもしておかなきゃ。

　このように「やりたかった」がハッキリすれば「未定年」をどう過ごすべきかがバックキャスト的に見えてきます。会社を辞めるという選択肢もポジティブなこととして検討できることでしょう。**大切なのは「やりたかったこと」を思い出して，叶えられるよう進むこと**。井川さんの鮮やかな会社との別れ方は，我々未定年にその道筋を示しています。

┌─ 未定年の生き方21 ├─────────────
│ 手に入れてない「やりたかった」は何かを考えよう。
└──────────────────────────────

22

「会社と別れるしかなかった」
おけいこ総動員未定年。

山田紗季さん（仮名・書道教師58歳）

 子どもの頃から続けていたお稽古で，収入源が増やせたよ‼

未定年プロフィール

 24歳で結婚，専業主婦を続けた後，50歳で熟年離婚。大学で取得した小学校教員免許を握りしめ，50歳の就職活動を開始。ピアノ・書道の師範免許により，複数の収入源獲得に成功した。

将来の不安が消えない39歳未定年の苦悩

「セカンドキャリアをどう考えたらよいか分からない」39歳の「未定年」＝後輩男性クリエイターからこんな悩みを吐露されました。そうか，30代からセカンドキャリアについて考えるだけでも偉いと思うよ。そうリアクションしましたが，彼が求めていた答えはそんなことではない。悩みは深く，かつ現実的なものでした。「クリエイターとして終わりを迎えた時，それ以降は何をしたら良いのか不安」だと。彼が言うクリエイターの終りは，会社生活の定年だけを指しているわけではありません。必ずしもそうとは限りませんが，第一線のクリエイターは若手が主流というイメージがあります。そのため後輩は40歳を目前にして，自分のクリエイターとしての賞味期限が気になってきたようです。ずっと現場にこだわるのか，管理職をめざすのか。なんか野球選手みたいです。スポーツ選手ほど賞味期限は短くないけれど，セカンドキャリアを早目にシミュレーションすべき職種なのは間違いありません。

かと言って，セカンドキャリアをどう考えれば良いかも分からない。折に触れてクリエイターの先輩に「将来，どうしようと思ってます？」と質問しているそうです。しかしロールモデルになる回答は得られません。みんなノープランで彼の不安に塗る薬は得られず終わるそうです。

後輩は「漠然とした不安を抱えて生きている」と言いますが，将来への不安に紐づく，現状の不安は結構深刻です。「会社のルールだから一週間休みを取るけど，自分がいなくても仕事が回ってると思うと楽しめない。家族サービスで旅行に行っても，残りの2日間は何をしていいか分からず，自分がいなくても回る仕事のことが気になっている」とのこと。そして休みが明けて仕事に戻ると，案の定，仕事は回っている。自分がいなくても別の誰かが面白い企画を出している。将来への不安は，現在を純粋に楽しめない現状ともつながっていました。

他に好きなことはないのか，棚卸しをする

　そんな後輩のヒントになるかもしれない未定年を紹介します。山田紗季さん58歳。大学を卒業して，2年間建設会社の営業として働きました。24歳で結婚しましたが，ご主人が古いタイプの男性で「仕事を辞めてくれ」と言われ，会社と泣く泣く別れました。専業主婦として2人の子供を育てあげ，義父母を介護し看取った時期に50歳で熟年離婚します。

　会社と別れ，家庭と別れた後の山田さんは，食べていくための動きがすごかった。定年後の働き先を見つけるより，離婚後の仕事を見つけるほうが，はるかに切羽詰まったものがあります。そんな山田さんを未定年がロールモデルにしたい理由は，過去に身につけていたことや好きなことの「棚卸し力」です。

　最初に棚卸ししたのは，大学の教育学部で取得した小学校の教員免許でした。教員にはならないけれど，せっかく大学に入ったからと免許を取得して使わずにいるペーパーティーチャー，未定年の中にもたくさんいると思います。山田さんも全く使っていなかった免許ですが，この資格の棚卸しにより，小学生の学習塾に先生として就職できました。建設会社の営業経験に紐づくような企業への就職試験も受けましたが，50歳という年齢が障壁になり突破できませんでした。

　しかし，学習塾の給料だけでは心もとない。次に山田さんが挑戦したのは「財布増やす作戦」です。実は離婚を視野に入れて，子供の頃から習っていたピアノの腕を活かし，エレクトーン講師の資格を取っていました。その資格で音楽教室の講師という「2つめの財布」を得ました。さらに，もうひとつ続けていた書道とペン字の正師範の免許を取り，自宅を教室にして「3つめの財布」を獲得したのです。

　芸は身を助ける，と言いますが，まさにそのもの。子供の頃のお稽古事や，なんとなく取得した教員免許が束になって離婚後の山田さんを支えています。コロナ禍になってからはオンラインの書道教室も始めて，SNSで告知も活発です。企業に振られてもなんのその。未定年を粘り強く生きている姿，力をもら

えます。

　山田さんが行った，人生で身につけたことや好きなことの「棚卸し」は，未定年なら誰もが実践できることです。「棚卸し」により，セカンドキャリアやセカンドライフにつながる何かが山田さんのように見つかるかもしれません。

未定年期に，人生の忘れ物を探しに行こう

　39歳後輩クリエイターの未定年に話を戻します。彼にも山田さんのような「棚卸し」をしてほしい。クリエイティブの仕事が大好きで，年齢を重ねることで，いつかそれが出来なくなるかもしれない，不安で仕方がない。それならなおのこと，未定年のうちに準備をして不安を軽減するのが合理的です。

　「棚卸し」したくても，棚はからっぽだと思ったら。「人生の忘れ物を探す」のはどうでしょう。言い換えると，「人生でやり残したことを探す」ということです。

　お笑い芸人の光浦靖子さんは，コロナ禍で仕事が減ったことをきっかけに，カナダ留学に旅立ちました。外国語大学を卒業しているのに英語を話せないことが，人生の忘れ物だと気づいたそうです。「忘れ物を取りに行く気持ちで留学する」という光浦さん。全く新しい学びにチャレンジすることも素晴らしいですが，基盤が出来ている領域を深める学び直しは，能力チャージになり，定年後の人生を支えてくれるかもしれません。不安と心中するのではなく，光浦さんや山田さんのように，自分の能力や好きなことを「棚卸し」して磨きをかけることを，未定年は実践したいものです。

> ┌─ 未定年の生き方22 ─
> 「人生の忘れ物」はないか，棚卸ししよう。

23

「気づかず備えてた」
社会課題と向き合う未定年。

内多勝康さん（医療型短期入所施設
ハウスマネージャー59歳）

 若いころの仕事が，今を生きる伏線になっているかも!!

 未定年プロフィール

元NHKアナウンサー。早期退職の後，福祉施設のハウスマネージャーとして転職。日々の仕事が自分の理想から乖離した時，「未定年」は，どう心をコントロールすべきか，お手本にしたい。

いまの仕事がセカンドキャリアの準備かもしれない

　どうしても知ってほしい。元NHKアナウンサーで，現在は医療的ケア児の短期入所施設でハウスマネージャーとして活躍する内多勝康さんの著書『53歳の新人』（新潮社/2022年）を読んで思いました。迷える「未定年」の皆さんを開眼させ，不安から引き上げるロールモデルになるだろう，と。

　内多さんの言葉をお借りして，結論的に言うと「生きていくということは，人生のちょっと先に向けて，知らず知らずに種をまいていくことなのかもしれません」この言葉が「未定年」に伝えたい肝です。

　内多さんは30年にわたるアナウンサー人生に終止符を打ち53歳でNHKを退局し，国立成育医療研究センター「もみじの家」のハウスマネージャーに転職します。アナウンサーとは畑違いな医療的ケア児の世界に飛び込んだのはなぜ？　とよく聞かれるそうです。他人には理解しにくい転職ですが「実は必然でした。30年にわたるアナウンサー時代のところどころに，気づかないうちに現在に至る布石が打たれていた」とのこと。この言葉の「気づかないうちに」が「未定年」にとってのポイントではないでしょうか。

　筆者の場合，阪神・淡路大震災や東日本大震災をきっかけとした防災啓蒙の公共広告の制作にはじまって，地方創生を始めとする社会課題に興味を持ち，社会人大学院の都市経営研究科に入学しました。大学院での研究から，地方創生に関する出版の機会を頂き，さらに今回の「未定年図鑑」執筆につながっています。この活動をセカンドキャリアにどうつなげるかは，今後の作業です。広告業務で蓄えたスキルをベースに，シニア・教育・地方創生の3領域に活動を広げています。

　内多さんや筆者のように何かを起点にして「気づかないうちに」その後の人生につながり，影響を及ぼす何かに出会っていることは，実は誰にでもあるのではないでしょうか。後から思えば，あの時のことが今につながっている，があるのではないでしょうか。

人生の見落とし点検で「気づかないうちに」をチェック

　内多さんは「積極的に転職を勧めているわけではないんです。私は自分でカッコよくキャリアを切り開いたのではなく"たまたま"そうなった。NHKで先が見えたと思った時に"たまたま"医療分野の方から声がかかってセカンドキャリアにつながっただけなんです」と謙遜されました。しかし，その"たまたま"のチャンスを引き寄せられるかどうか。後述しますが，引き寄せるための行動や考え方が内多さんに備わっていたと筆者は考えます。"たまたま"を偶然とあきらめない。「未定年」時代に"たまたま引き寄せ力"を強化する行動によってセカンドキャリアにつなげられるのではないでしょうか。

　その第一歩となる行動の提案が以下の「人生の見落とし点検」です。

「人生の見落とし点検」表

	① 成果	② 失敗	③ 出会い	④ 気持ち
仕事時代				
子供・学生時代				

出所：筆者作成

　過去から現在にかけての出来事の中で，セカンドキャリアの種になる何かを見落としていないか。「気づかないうちに」経験した貴重な何かを見落としていないだろうか。貴重な何かの存在に気付く，それが「人生の見落とし点検」です。**セカンドキャリアにつながる貴重な種を「後から思えば」ではなく，「未定年」期に拾い上げて今から育てる**のです。「果報は寝て待て」ではなく「果報は練って待て」という説がありますが，近いかもしれません。

　「人生の見落とし点検」は，子供時代まで遡っても良いでしょう。就職してから現在まででも良いです。子供のころ夢中になったこと，褒められたこと，

本意ではない異動先での業務，思わぬ成果を上げた業務，意外な人との出会いや絆など。出来事だけではなく，その時抱いた気持ちも種になります。ぜひ表に事柄を記入して人生を点検してください。

セカンドキャリアの種は不機嫌な顔をしている，かも

　内多さんの場合，希望していた異動が叶わず，ふてくされたことがきっかけとなり，47歳で社会福祉士の資格取得のための専門学校に入学します。自閉症の青年を取材したドキュメンタリー番組を制作した経験があり，取材の中で「福祉のことをよく分かっていない」ことにちょっとした敗北感を感じていたそうです。いつか機会があれば福祉の歴史や制度について，系統だった勉強をしたいと思っていた。その気持ちがふてくされを機に再び炙り出されたというわけです。そして見事に50歳を迎える春，社会福祉士の資格試験に合格します。

　このエピソードから得られる教訓は，人生の見落とし点検においては，不機嫌な顔で現れた辛い出来事が，貴重なセカンドキャリアの種になるかもしれない，ということです。その意味で「人生の見落とし点検」表には「②失敗」という項目を作りました。自分にとってイヤな出来事でも，オセロゲームの黒を白にひっくり返すように，良いきっかけになるかもしれません。

　「④気持ち」も大切です。内多さんはNHKの仕事で福祉分野に開眼しました。大阪局時代に阪神・淡路大震災を経験し，「仕事は"誰かのため"にしていたい」という価値観にたどり着くのです。番組制作を通して福祉関係者との「③出会い」もありました。内多さんの話をNHKアナウンサーという花形職業の人だから，と片付けないでください。「未定年」の今なら，あの出来事が，あの気持ちが，自分らしく輝くセカンドキャリアの種になるかもしれないのです。

┌─**未定年の生き方23**─
「人生の見落とし」をセカンドキャリアの種にしよう。

「会社と別れる誘惑」に乗るか，乗らないか。

　「こんなすごい人にはなれない」。ブームのように新聞や書籍に取り上げられている転身した「未定年」は，会社とスパンと別れて起業した人，強い意志を持って信じた道を進む人，皆さんなんて立派なんだろうと，ため息が出る。

　そう，ため息。だってこんな風に生きられる人，少ないでしょう。違う方向に舵を切る時，不安と迷いでがんじがらめにされる人の方が多いはず。

　筆者は40歳で転職を経験している。7月1日入社の前日6月30日の深夜11時まで会社で荷物整理をしていた。物を減らし「ダンボール1つで次の会社へ行こう」と決め，その作業に時間を要した。いや，要したのではない。この年齢で会社を変わることへの不安と迷いで作業の手が鈍った。この決断は正しかったのか。今の会社に不満はないのだから，このままで良かったのではないか，と。

　カッコよく生きる「未定年」たちは，キラキラ輝き世間を闊歩する。会社を去り自分と時間をコントロールできる日々がいかに幸せかを高らかに語り，「会社と別れる誘惑」を我々凡人に示す。カッコいい「未定年」は，圧倒的な説得力と強さで，おいでおいでと手招きする。我々凡人はクラクラしながらひれ伏してしまうかもしれない。

　「会社と別れる誘惑」に乗るか，乗らないか。このテーマを考える時，意外に参考になるのが，芸能人が所属事務所を辞めて独立する時のコメントだ。そこに至るまでの背景は色々あるはずだが，どの独立にも共通していることがある。それは皆さん「これからの生き方を定めた上の独立」ということ。芸能人だから当たり前かもしれないが，そこが我々会社員の盲点である。会社員は人生の選択において「生き方選び」ではなく「会社選び」に陥りがち。もちろん仕事内容や待遇など，会社の精査は必要だけど，その前に「どう生きるのか」を決めた上で会社を選ばないと，入社後「こんなはずじゃなかったとなる。

実際にキャリアコンサルタントの筆者は，友人（男性40歳）からこんな相談を受けた。「うちの会社に来ないかと誘われた。給料はさほど上がらず。大卒後ずっと今の職場だから転職もアリかな〜と思っているけど，どうしたらいい？」この相談を筆者は（友人なので）なんて幼稚な！　とメッタ切りにした。「まず人生をどう生きるか考えようよ。先方に自分のどこを評価し，何に期待してのスカウトなのか確認も大切」友人は「その視点，全くなかった」とうなだれた。「よかったね，私と友達で」その一言が余計だが，会社と別れるか，別れないかの前に，「どう生きるか」を定めることが肝心なのだ。

【こんなあなたは「どう生きるか」考えよう!!】

　ひとつでも☑が付いた「未定年」は，立ち止まってよ〜く考えましょう。

☐ 毎日毎日忙しい。忙殺されている感がある。

☐ 仕事人生において「自分の武器」は何か，よく分からない。

☐ 今の仕事や会社で，自分がどう貢献しているか分からない。

☐ 仕事をする中で，何がモチベーションなのか，正体不明。

☐ お金のためだけに働いている感がある。

☐ 家族から「ATM扱い」されていると感じる。

☐ やりたかった仕事に就けていない。

☐ 職場の人間関係が気になって仕方ない。

☐ 自分のことよりも，家族や同僚のことを優先してしまう。

☐ これから先の目標がない。

24

ジャンルE「会社生活をつなげる未定年」

「第2章」へ進んだ転職未定年。

大倉政則さん（仮名・メーカー管理職53歳）

 会社生活も自分も，まだまだ終われないって，考えたいね!!

 未定年プロフィール

食品メーカーでマーケティングに打ち込んできた後，企業役員から
ヘッドハンティングされ早期退職，転職した。残りの会社生活を
「第2章」と考える生き方は50代「未定年」の参考になるはず。

106

「100年時代」の夢につながる言葉

「最終章に入ったと思っていたけど，第2章になった」これは大学院同期の大倉さんが転職を報告してくれた時の言葉です。彼は52歳の誕生日を迎えた時，会社生活や役職定年までの年数を鑑み，ぼんやりと会社生活が「最終章」になったと思ったそうです。しかし，53歳の誕生日まで半年を切ったある日突然，異業種交流会で知り合い，長年交流のあったメーカー役員から「うちに来て，新規事業開発部長をやってほしい」とヘッドハンティングされました。

長年，食品メーカーでマーケティング一筋に打ち込んできた彼は転職など考えたこともなかったそうです。自分の会社も好きでした。しかし，残りの会社生活を「最終章と考えるか，第2章と考えるか」と思いが至った時，<u>「第2章」という言葉の先には「第3章もあるかもしれない」と，ワクワクするような人生100年時代の夢を感じ，転職を決意した</u>と言います。

「最終章」と「第2章」，その言葉の差は両極端です。完結に向かうか，展開を迎えるか。ここまで来た，か，まだまだ続く，か。なかなか決めにくい方向ですが，大倉さんは軽々としんどいほうを選んだ，のでしょうか。いや，「しんどいほう」ではなく「面白そうなほうを選んだわけ」と大倉さんは笑って種明かししてくれました。

挑みたい気持ちの正体とは

もちろん，「面白いほうを選ぶ」までに考えることは色々ありました。妻がいて，下の子供はまだ大学生で，待遇に不満はない。このまま大好きな会社にいて，定年まで穏やかに誠実に粛々と任務を果たせばよい。50歳を過ぎての転職は，何も言われなくても家族の心に波風をもたらすだろう。

しかし一方で会社から期待される年次見合いの役割，つまりマネージメントや組織運営に嬉々として取り組めない自分もいる。必要なことは理解できるし，性格上手抜きはできない。しかし，これは本当に自分がやるべきことなんだろうか。そう思いつつ，今の立場の責任感をどう考えるか，単なる勢いやはずみ

で転職しようとしていないか。そんなことを冷静にチェックしていったそうです。

ヘッドハンティングされた時「マーケティングをやってくれ」ならば，断ったであろうと大倉さんは言います。しかしキーワードは「新規事業開発」だった。そこに大倉さんは挑みたい気持ちを掻き立てられました。「チャレンジすることにワクワクできる間は，そのワクワクに忠実であったほうがいい」最終的にそう思ったそうです。うーん，その発想，すごいな。ヘッドハンティングされる人は根本から意識が違うんですね。

新規事業開発には，さまざまな企業が挑戦しています。カメラのフィルムを作ってきた老舗の企業がその技術を生かし，進化させて化粧品事業に乗り出したり，市場の変異とポジションの取り合いはまだまだ続きます。大倉さんは，今まで積み重ねてきたマーケティングの知見を生かすことができる新しい領域に背中を押されました。

「別の自分」を積み重ねる

ヘッドハンティングによる転職は，めったにあることではないのでお手本にしにくいです。しかし，残りの会社生活を最終章ではなく，「第2章」と考える。そのスタンスは見習えるのではないでしょうか。「面白いほうを選ぶ」これも参考になるスタンスです。

元・読売テレビのアナウンサー辛坊治郎さんは2021年2月いっぱいでレギュラー司会者を務めた「そこまで言って委員会」という番組を自ら降板し，4月から太平洋横断ヨット旅に挑戦することを宣言しました。太平洋横断は前回の失敗をリベンジする2度目の挑戦です。辛坊さんは4月で65歳になったのですが，ヨット旅挑戦直前のインタビューでこのように答えています[1]。「65歳から名前を変えたいくらい，別の生き方をしたい」誰が見ても辛坊さんの天職に見えるキャスターという仕事にも未練はないそうです。金太郎飴のように，

---

1 2021年3月15日フジテレビ「とくダネ！」でキャスターの小倉智昭さんによるインタビューで答えた言葉。

どこを切っても同じ，その道一筋に歩む人生を否定はしません。しかし，「名前を変えたいくらいな別の人生」というビジョン，「最終章」ではなく「第2章」と考えるのは人生100年時代においては，むしろ現実的な方向ではないでしょうか。未定年時代において，セカンドライフを「最終章」と考えるのは，人生100年時代を持て余す，危険な発想ではないでしょうか。

　もちろん「第2章」は転職とは限りません。会社における立ち位置や仕事を見直す，新しい社外活動に取り組むなど，その気になれば，人それぞれ見いだせると思います。いや，見いださなければ，人生100年時代を心身健やかに過ごすことは出来ない。別の自分を積み重ねて，人生を2度も3度も楽しむ。今すぐ，別の自分に変わらなくてもよい。そのための準備期間として「未定年」時代を過ごすべきだと思います。

```
┌─ 未定年の生き方24 ├─────────────────────
│
│  最終章ではなく「第2章」と考える。
│
└─────────────────────────────────
```

25

「過去の自分が助けてくれた」転職の達人未定年。

水森良江さん

（仮名・イベントプロデューサー54歳）

 意外な「未定年」時代の経験が，50代の転職に役立つかも！

未定年プロフィール

54歳女性がみごと転職に成功した。イベントプロデューサーという華やかな職種ではあるが，そのノウハウは，すべての「未定年」に参考になるはず。ぜひ本文を吸うように読んでいただきたい。

110

「転職の達人」その秘密を知りたい

　まず無理だろう，大変だな。そう思っていました。水森さんは某新聞社の契約社員で，筆者が仕事で知り合った時は5年満了を迎える約4か月前。飲み会の席で「せっかくこのプロジェクトが走り出したのに，12月いっぱいで契約満了なんです。私，もう54歳だから次が見つかるか心配で」そう切り出されて，驚くと同時に，年齢的に次が見つかるとは到底思えませんでした。おせっかいな私は1月以降はアルバイトでプロジェクトの仕事をしてもらえるよう，根回ししようと密かに決めていました。水森さんは余人をもって代えがたい企画力やイベントのディレクション力，ピンチの時でも頑張れる馬力を備えていたからです。独身なので働かないわけにはいかないはず。なんとか力になりたいと。

　しかし，おせっかいな企みは杞憂に終わりました。水森さんは，次の会社をしっかり自分の力で見つけたのです。「1月1日から，新しい会社で働きます。年金未納期間なしです」力強い言葉と笑顔で報告してくれました。

　予備校の広告で「なんで私が東大に？」というコピーがありますが，まさにそんな感じ。「なんで54歳女性が転職クリア？」その秘密を教えてもらいました。

過去の仕事で気づかず身につけていた，就活のコツ

　水森さんは，今度の転職が4社目の就職です。大学新卒でCMプロダクションに入社，10年在籍しプロデューサーになりましたが，CM業界の先行きは明るくないと見立て「他に武器が欲しい」と考え，求人系広告会社に転職します。CMに限らず，印刷物やイベント制作の総合的ディレクション・スキルをその会社で装着しました。その幅広いスキルをひっさげて，49歳で某新聞社の契約社員募集にチャレンジします。この時すでに「その年齢で激戦を勝ち抜く」をクリアしていたのでした。

　まさに「転職の達人」。年齢のハンディをものともせず，ご苦労されたはず

だけど，年金未納期間を作らず，就活を成功させている。その秘訣は何？　と聞くと，水森さんはしばらくうーんと考えて「求人情報の仕事をしていた経験が役にたった，のかもですね」と答えました。求職側と求人側，両方を見てきたことで，それぞれのインサイトを知ったと言います。例えば，求職者がうまくいかない理由の多くは「働きたい！　を押し付ける」だそうです。自分の欲求を押し付けるだけでは，書類も面接も通らない。やりたいことと企業ニーズを紐づけられる人が，合格を勝ち取っている。このことを仕事の中で，リアルに知ったことで，「自分がどういうところを狙えばいいか，がわかった上で就活した」と言います。自分のスキル・ビジネス経験を棚卸しして「私だったら，この就職サイトでマッチする企業と出会えそう」と考えて，エントリーしたそうです。複数社の転職サイトに登録し，30〜40社のエントリーで，採用を勝ち取ったと言います。大学新卒の就活でも100社エントリーして全滅という話は普通に聞きますから，54歳で30〜40社は少ないほうだと思います。

次を意識して，今を生きる，働く

　さて，ここまで聞くと「たまたま求人情報の仕事をしていたからじゃん」と思われるかもしれません。しかし，転職の達人には誰もが真似できるノウハウが2点ありました。1点目は「Withネクスト」つまり「次に行く会社で何が出来るか，意識しながら日々働く」という姿勢です。終身雇用が当たり前な世代には珍しい発想ですが，水森さんには一社に骨を埋めるという考えがありませんでした。某新聞社の面接でも「頑張り次第では正社員登用の道もあります」と話があったそうですが，水森さんは転勤を良しとしなかったのと，シニアマーケティングをやりたいという明確な意思があったため「5年契約で大丈夫です」と答えたそうです。

　2点目のノウハウは「無意識スキルの発見」です。水森さんは，広告会社と新聞社で幅広い領域のスキルと経験を溜め込んだのですが，「それは懐石料理のお盆にいろんなメニューを集めた」ということで「ある領域のプロとは言えない」と言われ，不合格になった経験も多々あったそうです。良かれと思って

やってきた業務スタイルが，仇になったと落ち込んだと言います。

　しかし今回の採用理由は「色んな領域の経験によるスキルが良い」でした。おまけに「若い人しかいない会社なので，54歳という年齢は丁度いい」と。ハンディだと思っていた懐石料理的キャリアと年齢までも，評価されたのです。水森さんは「この２つが武器になるとは全く思ってなかった」と言います。一方で人材紹介会社でキャリアコンサルティングを受けています。その際，懐石料理的キャリアに対して「水森さんはスキームづくりが得意なんですね」と言われ，少し自信を持てたそうです。

　我々にも「無意識のスキル」が実はあるのではないでしょうか。**自分では武器になるとも取柄とも思っていないことが，第三者から角度を変えて見てもらうと，お金を払って雇いたい，につながる可能性**がある。それは，自分一人であれこれ考えていても決して見つかりません。信頼できる友人や上司からの客観的な視点が信頼できるはずです。自分の顔は，自分で見られない。鏡に映った姿でしか確かめられない。だから，自分のスキルの正体は，他人に聞こう。「自分なんて何もない」と決めつけるのは早すぎます。

┌─ **未定年の生き方25** ─┐

自分のスキルは，他人に聞こう。

26

「イクメンとの両立」にこだわる
渡り鳥未定年。

海川亮太さん（仮名・デザイナー32歳）

未定年, ココに注目！　ライフプランで譲れない条件は何かを考えて転職しました！

スキルアップを!!

未定年プロフィール

30代の若い「未定年」だが，キャリアプランと人生の軸をしっかりと定めた。子供を自然豊かな田舎で育てるため，テレワークの会社を選ぶ。終身雇用をめざさず，転職しながらスキルアップするという。

期限付き契約社員という立場をポジティブに考えた

　いま多くの企業，とくに大企業と呼ばれる会社には複数の雇用形態が存在します。正社員・契約社員・派遣社員・パートが大きな括りです。この中で契約社員は福利厚生は正社員と同じでも，給与体系は正社員より低く，期限付きであることが多い。この状況だと当然「正社員に登用されたい」と考えるところですが，全く逆の考え方をした未定年がいます。

　それが広告会社のデザイナー・海川さん。彼は「契約期限が切れるまでの間，この会社でどんなスキルを手に入れられるか」を考え続けたそうです。つまり当初から，正社員を目標にせず「スキルのコレクション」を意識して，キャリアパスを充実させ，転職により年収を螺旋状に上げていこうと戦略を立てたのです。そもそも今の20代・30代は終身雇用制度から外れた，転職にアレルギーがない世代です。毎年発表される新卒者人気ランキングの企業に就職できても「合わない」と感じたら，軽々と転職する人も多い。海川さんもそんな同世代の空気感があったからこそ，企業から企業へ渡り歩く「渡り鳥未定年」という生き方を選べたのでしょう。

　海川さんは契約社員の立場で貪欲に仕事と向き合いました。「選り好みせず，なんでもやってやろう」そんな気構えでがむしゃらに仕事に励みました。特に力を入れたのは，社会課題に紐づく広告でした。防災を啓蒙する新聞広告，SDGsの取り組みをPRする企業の交通広告など。こういった今日的な課題の仕事に取り組む中で「社会をデザインする」スキルがコレクションできたと言います。

転職に際して年収以外にこだわったことは何か

　契約社員の期限が切れる１年程前から，海川さんは転職エージェントに登録し，次の会社探しを始めます。その時こだわったのは，まず今より年収が上がること。同時に，年収と双璧の条件としてテレワークが可能な企業であることでした。

なぜテレワークにこだわるのか。海川さんは関西圏の俗にいう「田舎」に居を構え，自然豊かな中で3歳と0歳の子供を育てていました。都心ではとても買えない100坪を超える大きな家。この環境で子供たちを伸び伸びと育てる，イクメンとして育児にしっかりとかかわる。このライフプランの中で，これからのキャリアをどう紡いでいくかを考えて，転職先を決めたいと思いました。その結果，東京のブランディング系事業会社の就活に成功したのです。年収とテレワーク，譲れない条件をどちらもクリアした会社でした。同時に，彼が「スキルのコレクション」で得た，社会課題をデザインした仕事が認められた転職でもありました。

シニア未定年が見習いたいセカンドキャリアで「優先順位を付けること」

　40代以上のシニア未定年が，海川さんの事例で見習いたい点は，セカンドキャリアに踏み出す時の条件を整理し，それらに「優先順位を付けること」です。定年後どうするか，早期退職後どうするか。キャリアコンサルタントの資格取得後，相談を受けるようになりましたが，条件の優先順位が整理できてないことが実に多い。

　仕事探しは，家探しに似ていると思います。駅から近い，学校が近い，買い物に便利，手ごろな購入価格または家賃，新築物件…この条件を全てクリアするのはまず無理で，不動産会社からは「ゆずれない条件はどれですか？」と聞かれるでしょう。「全部の条件が揃う物件に出会うのは難しいですなあ」と不動産会社の担当さんから軽蔑半分につぶやかれてイライラしながら，何かをあきらめることになる。でも，どれをあきらめれば良いか分からず悶々として，いつまでたっても物件を決められない。こんな経験をされた「未定年」は少なくないでしょう。あ，これって筆者もそうでした。マンションを買おうと思って，結局10年以上も長考してしまった。

　何が言いたいかと言うと，家探しも職探しも「条件の優先順位」を考えておかないと，なかなか決まらないということです。ずいぶん単純で，わざわざ言

われることか，と思われるかもしれません。しかし，家探しで優先順位が付けられないのと同じことが，職探しでも多く見られるのです。

　シニア未定年がセカンドキャリアやライフプランを考える時，「条件の優先順位」を整理しておくことは大切です。これは，シニア未定年のみならず，若手未定年の転職においても同じことです。さらに，整理した条件に自分のスキルが紐づいていることも重要です。

　セカンドキャリアを見つけるその時を待たず，もっと前から条件を意識した準備を行いたい。いま自分が行っていることは，未来の自分にとってどう役に立つのか，人生100年時代を生き抜くスキルになっているのか。人生100年時代を生き抜くために必要なものはないのか。「未定年」真っ最中の時期に，ちょっと立ち止まって点検・考察してほしい。海川さんは契約社員の期限切れがあったから，早くから準備する必然がありましたが，そういった雇用継続の不安がなくても，激動の時代を生き残るためには，という意識が必要な不確実な時代になりました。もはや安定などどこにもない。未定年の誰もが，人生の骨格と方針を定め，その実現のための条件を整え，行動に移してほしいと思います。

> ┌─ **未定年の生き方26** ─┐
> ライフプランの条件に「優先順位」を付けよう。

27

「今いる場所で違う視野」を持った
海外進出未定年。

松本正人さん（インフラ企業CEO50歳）

 「今いる場所」が自分を輝かせる場所かもしれません！

 未定年プロフィール

高速道路会社の土木技術者。海外進出に携わり，39歳でアメリカ
へ。現在，グループ企業のCEOを務め，土木領域の人材育成も手
掛ける。「今いる場所で能力を発揮する」話は本文で。

凄すぎるストーリーは参考にならない？

　NEXCO西日本の海外事業!?　その雑誌記事は筆者の目を大きく惹きつけました。しかもアメリカで？　高速道路の建設や維持管理を手掛けるNEXCO西日本は，2005年に日本道路公団が民営化された企業です。短い期間に海外進出，それもアメリカです。

　このNEXCO-West USA, Inc.のPresident＆CEOで，ご自身も土木分野の有資格技術者として現場に立たれる松本さんです。始まりは，民間出身だった当時のNEXCO西日本社長が，土木業界の常識にとらわれず，北米市場に目を向けたことでした。北米事業を担当することになった松本さんと海外事業部のメンバーは米国での事業計画を企画書に取りまとめ，社長以下の役員に説明をします。当時の社長は民間企業出身の「いわばビジネスのプロ」で，企画書の内容は必ずしも満足のいくものではなかったかもしれませんが，最後には部下の熱意に可能性を感じたのか，アメリカ進出を後押ししてくれたそうです。こうして会社のバックアップを得て，企業内起業の海外進出がスタートしました。NEXCO西日本が日本で初めて，北米で高速道路の点検を手掛けるエンジニアリング業務に進出する。その現地法人の副社長として赴任し，5年後に社長となった松本さんの39歳から始まった「未定年」ストーリーです。

　海外進出の話なんて，あまりにもスケールの大きさが違いすぎて参考にならないと思われましたか？　いやいや，ところが松本さんのストーリーこそ，「未定年」世代にとって応用したい視点なのです。

今いる場所で違う視野を持つこと

　海外進出というスケール感に圧倒されることなく「未定年」が応用したいこと。それは「今いる場所で違う視野」を持つことです。

　我々はついつい会社や日常への不満が先立ちがちですが，目を留める先を変える。今いる場所への不満ではなく，今いる場所で「培ってきたスキルや思いの熱さ」を棚卸ししてみるのです。そこから「自分の特徴を活かした仕事のア

イデア」が生まれ，転職とは異なり所属企業に便益をもたらすセカンドキャリアにつながるかもしれません。

　松本さんの場合，これからの時代は高速道路等のインフラは新しく建設するだけではなく，今ある道路の安全を未来へつなぐ事業が主流になることに目覚めました。学生時代からの研究テーマ，社会人になって身につけた土木技術のスキルとアメリカ留学の経験からです。そのつながりにより，日本よりも遙かに多くの高速道路網を持つアメリカでビジネスを展開するという，業界の常識を超えたミッションにも抵抗なく取り組むことができました。

　発見やひらめきを実行に移すことは，たいへん難しいことです。しかし，「今いる場所」を冷静に見渡すことで，気づかなかった価値や可能性を見つけることができるのではないか。その気づきから，セカンドキャリアにつながる「未定年時代のアクション」を作れるのではないでしょうか。「今いる場所」への不満で日々過ごすだけでは何も生まれません。「今いる場所」への不満で安易に転職を考える。これは「未定年」の生き方として心配です。とくに50代の後期「未定年」はよく考えることを勧めます。

企業内で自分の能力を発揮する場を創る

　「未定年」は年齢問わず，例えば異動によって「今いる場所」では自分の力を十分に発揮できないと悩んでいる人もいるかもしれません。それがストレスになり，もっと自分を生かす場を求めて転職を考える場合もあるでしょう。

　松本さんの場合，図らずも道路公団の民営化を機に，自らの武器である道路構造物の維持管理に関する専門知識とアメリカ留学で得た語学力及び広い視野を生かす機会を得て，当時の業界の常識では考えられなかった先進国への進出というミッションを成功させました。現地法人設立から12年が経過した現時点においても，土木分野における調査や設計，点検といったエンジニアリング業務で北米市場において事業展開している日本の会社はほとんどありません。

　このように，常に自分の能力を磨く努力を継続し，企業に対してどのように貢献できるかを模索していれば，ある日，ふとしたきっかけでその能力を生か

して所属企業に大きく貢献できる機会に巡り合うこともあるのです。

　過去に前例がない事業をプロジェクトのメンバーと共に成功させた松本さんが現在取り組んでいるのは「自身の経験を生かして海外で通用する日本人を育成すること」だそうです。自社の若手社員はもちろんのこと，会社の枠を超えて多くの民間企業の社員を社会人研修生として受け入れ，多様な価値観の中でチームを率いて事業を推進することを経験させることで，本物の業務遂行能力とグローバルな価値観を身に着けるトレーニングを提供されています。海外拠点では，自らのキャパシティを超えるレベルの課題に日々対峙していく必要があり，こうした経験は将来の企業の幹部候補生の育成に大いに役立ちます。松本さんは講演で，野村一晟氏のアンビグラムを引用し「"挑戦"の文字をさかさまにすると"勝利"に見える」というお話をされます。「未定年」時代も，挑戦する気持ちを忘れず，自分が輝ける場所という勝利を手に入れたいものです。

> ┌─ 未定年の生き方27 ─┐
> 「今いる場所」で違う視野を持ち，新しい自分を始めよう。

　筆者を正社員として雇うのに，給料以外にどれくらいのコストがかかっているのか，と考える時がある。

　病院で治療費を払う時，3割負担で済むのは会社が健康保険料を負担してくれているおかげだし，社会保険，雇用保険，企業年金，果ては携帯電話代やコピー機の使用料など挙げたらキリがないほど，会社が負担してくれているお金＝雇用コストは多い。ありがたいことである。

　しかし，この雇用コストの恩恵を体感するのは，どうやら退職時に限るようだ。退職し，切れ目なくすぐに別の会社へ変わる場合は別として，しばらく失業状態，またはフリーランスで就業する場合，「これをすべて自分で支払うのか」と愕然とするという。

　「ならば給料が下がっても，会社員でいるべきだな」と考えるか。「それなら，自己負担の社会保険料分，収入が増やせるよう起業！」を志すか。それは，未定年それぞれの価値観によるだろう。しかし，「退職時に初めて気づいた」だけは避けたいところである。家族と自分が生きていくためのランニングコストがどれ位かかるのか。しっかり把握した上で，会社員を続けるか，起業やフリーランスを選ぶかを決めたい。

　さらに言うと，就活や転職活動を行う時，「自分にかかる給料以外のコスト」が企業の負担になることを意識すると，その負担に見合う人材であることのアピールに，おのずと軸足が向くだろう。「私は御社で○○の仕事がしたい‼」その熱い思いと共に，就職活動に失敗する人がなんと多いことか。そこには，「雇用コストに見合う人材かどうか」についての面接官による精査が存在したと想像する。私が採用する側なら，そう考える。

　もちろん，会社員だけが人生の道ではない。しかし，「会社員であることの恩恵」は自覚しておかないと，無駄なストレスを生む可能性はある。今と未来の自分が生きていけるために，会社は陰ながら出費してくれていることに，もっと感謝してもよいはず。会社に感謝。たまには，ね。

【「自分を維持する」ために必要なコストとは？】

この中で，会社が負担してくれているコストはありますか？
セカンドキャリア・セカンドライフを考える時，把握しておきましょう。

- □ 病気やケガの治療・薬・サプリメント代
- □ マッサージ・ジムの費用
- □ 携帯電話・インターネット代
- □ スイーツ・お酒など嗜好品の購入
- □ 勉強のための費用・書籍代
- □ 洋服・メイクの費用
- □ 飲み会の費用
- □ 趣味のための費用
- □ タレント・スポーツ選手など「推し」にかける費用

第 **3** 章

キャリアコンサルタントが提案する
「未定年」の生き方

この章では，キャリアコンサルタントの立場から，なぜ「未定年」期に
ライフプランを考える必要があるか，学術的な背景を中心にお話していきます。
少し難しい話も含まれますが，「未定年期の行動」へ背中を押してくれると思います。

01 筆者が国家資格キャリアコンサルタントを
　　　取得した理由。

コピーライターの私がなぜキャリアコンサルタント？

　第3章からは，キャリアコンサルタントの国家資格を持つ筆者からの未定年への「生き方提案」と「なぜそれが必要か」の背景をお伝えしていきます。その前に，コピーライターの筆者がこの資格に挑戦した理由について，少し長くなりますが，触れておきます。

　そもそもキャリアコンサルタントとは，学生，求職者，在職者等を対象に職業選択や能力開発に関する相談・助言を行う専門職です。2016年4月にキャリアコンサルタントは国家資格となりました。歴史が浅いためキャリアコンサルタントという資格は知名度が高いとは言えませんが，存在をご存じの方ならば「コピーライターがなぜこの資格を？」と不思議に思われることでしょう。弊社でもキャリアコンサルタントの資格を持つ者がいますが，私のように，入社以来クリエイティブ畑で，軟派なイメージを持たれがちな職種＝コピーライターやCMプランナーひと筋の人間は今のところ見当たりません。

　その上，筆者は産業カウンセラー協会が主催する養成講座に通いましたが，クラスメイトも人事系の部署に所属している人やコンサルタント系の仕事をしている人たちばかり。同類の人には一人も出会わず。やや浮いた存在だったかもしれません。

大学の非常勤講師活動で気づいた
キャリアコンサルタントの必要性とは？

　そんな私が，なぜこの資格に挑戦したのか。2019年から京都の大学でコピーライティングの非常勤講師を拝命しました。その大学の事務長さんとの雑談で大学のキャリアセンターの存在とキャリアコンサルタントという資格があ

ることを知りました。このお話がなんとなく気になった状態で，コピーライティングの講義をスタートさせました。

　講座のタイトルは「人生に効く！　コピーライティング講座」。筆者が学生の頃は，コピーライター・ブームで，糸井重里さんや林真理子さんにあこがれて，この仕事をめざす人が養成講座に集まりました。広告会社や広告プロダクションのクリエイティブ職も狭き門だったはずです。しかし，その熱も落ち着き，社内外の新人研修で「コピーライターになりたい」という人はめっきり減りました。そこで，コピーライターをめざす人向けではなく，コピー制作のノウハウをアレンジして，就活のエントリーシートづくりや社会人生活の文書作成に役立つコピーライティング技法を身につけてもらうための講座にしたのです。日本マーケティング協会で学んだマーケティングマスターコースで「最優秀プレゼンテーション賞」を受賞したことも手伝い，コピーライティングとプレゼンテーションを足し算した技法も学生に伝えました。

　おかげさまで講座は人気を呼び，講義の中で学生からは就活の相談をたくさん受けました。自分が所属する業界や，クライアント企業のことならば差し支えない範囲でアドバイスができます。しかし，全く知識のない業界のことは答えることができません。相談に来る学生は真剣です。自分の人生が掛かっているわけですから。そこで「コピーライティングだけではなく，キャリアプランについてもきちんとアドバイスが出来るよう，スキルアップをしよう」と決意したのです。

筆者が資格取得で得たものは何か？

　キャリアコンサルタントの勉強は約8カ月に及び，本業の広告制作・大学非常勤講師と並走して，資格講座の受講は厳しいものがありました。試験も，暗記力が必要な学科・論述・面接実技の3ジャンル。事前に試験内容をきちんとリサーチしていたら，挑戦していなかったと思います。緻密さに欠ける性格がこんな時に役立ちました。

　しかし，一見ツメ込み型に思える学科の勉強は，大学の講義において学生か

らの質問に自信を持って答えるため，大いに役立つ知識でした。「就活する意欲が湧かない。学生の本分である勉学を差し置いて，就活に追われる意味が分からない」という質問を受けたことがあります。この学生に対しては，「エリクソンの発達課題で言うところの，モラトリアム期だから仕方ない」と考え，まず学生の思いを否定せず，受け止める「傾聴」を第一義としました。その上で，人生100年時代で働くことの重要性を論理的に伝え，「就活は，未来の幸せな自分への投資」というコピーを渡しました。

　資格取得の学びにより，明らかに学生への向き合い方が変わってきたと思います。キャリアコンサルタントの知識がなければ，「働かないと生きていけない」という，漠然とした正論で返していたかもしれない。しかし，理論と傾聴力を得たことで，学生への寄り添い方が良い方向に変わりました。

　この手ごたえが励みになり，休日返上のつらい学習を継続することができました。「一発合格は無理かもしれない」という不安に襲われた時も，頼りにしてくれる学生たちのキラキラした表情を思い浮かべ「私には待っている人がいる」と，気持ちを立て直すことができました。

02　「雇用の確保」と「就業機会の確保」 その違いと向き合おう。

定年延長に安堵してはいけない理由

　2021年4月1日，高年齢者雇用安定法が改正され，「70歳までの就業機会の確保」が企業の努力義務になりました。「よし，うちの会社が70歳定年になるのも近いな。安心した」そう思った人は危ない。なぜならこの改正法は，現段階では，企業に強制力を伴う義務ではなく「努力義務」であり，さらには「雇用の確保」ではなく，「就業機会の確保」という独特の表現を用いているからです。「就業機会の確保」の中身は，①定年廃止，②定年を70歳に，③再雇用など70歳まで働ける制度を導入，④業務委託契約，⑤NPOなど社会貢献事

業への参加支援，以上のいずれかを企業は制度化するよう，努力せよというものです。

　「でも努力義務は，いずれ義務になるんでしょ？」おそらく，です。65歳定年の義務化も遡れば，2000年に「努力義務」として採択され，2013年に「義務化」されました。その前の60歳定年も，1986年に努力義務だった法律が，1998年に義務化されています。したがって，今回の70歳までの就業確保も数年後には，義務化されると予測できます。

　しかし，今回の改正法には65歳定年が義務化された時にはなかった，新しい選択肢が提示されています。それは，先に挙げた5項目のうちの2つ，④業務委託契約と⑤NPOなど社会貢献事業への参加支援です。企業にとっては，給料は支払わなくてよいし，社会保険の負担コストもなくなる，メリットが大きい選択肢の追加です。しかもこれは，どちらも「雇用」ではない。「就業機会の確保」にすぎません。④業務委託はフリーランスとして契約を結ぶもので，安定的な雇用契約ではない。⑤の社会貢献事業への支援は，その方向の興味とスキルが必要で万人向けとは言い難いものです。しかし，①〜⑤のいずれかを制度化せよ，が国の指令です。あなたの勤める会社が④や⑤を選ぶ可能性はある。改正された法律のちょっとした言葉の違いですが，この違いと向き合って，ライフプランを作るのが大切なのです。

退職，定年延長とは異なる第三の選択肢
「個人事業主として業務委託契約」を視野に入れる

　そんな新しい流れの中，④業務委託契約に紐づく仕組みをいち早く作った会社も出現しています。早期退職した社員と「個人事業主」として契約する形態です。この雇用形態は，一般的な早期退職とは異なる，人生100年時代における新たな生き方の選択肢と言えるでしょう。「70歳までの就業機会の確保」が企業の努力義務となり，いずれ努力義務が「義務」となったとき，65歳以降は「個人事業主として業務委託契約」というパターンが増えてくるかもしれません。その時，「70歳まで働いてほしい」と会社に思ってもらえるよう，「未

定年」時代にスキルを磨いておく必要があるのは，言うまでもありません。

「置かれた場所で咲く」発想がセカンドキャリアの準備に

　ノートルダム清心女子大学の渡辺和子先生はご著書で「置かれた場に不平不満を持ち，他人の出方で幸せになったり不幸せになったりしては，環境の奴隷でしかない。人間として生まれたからには，どんなところに置かれても，そこで環境の主人公となり自分の花を咲かせようと，決心することができた」と述べられています（『置かれた場所で咲きなさい』（幻冬舎/2012年））。

　この言葉は「未定年」も胸に刻んでおきたい。置かれた場所で何を咲かせるか。それも会社生活の残り年数が見えてきた「未定年」の今，咲かせるべきものは何かだろうか。

　「咲かせる」と定義づけると，言葉つきからしてハードルが高くなるかもしれません。「ひと花咲かす」なんて言葉もありますから。自分が仕事において積み重ねてきたこと，仕事の傍ら趣味で大切にしてきたこと，打ち込んできたこと。これらのうち何かを大切に「育てる」とするのはどうでしょうか。置かれた場所で「育てる」のです。

　国が企業に求める「就業機会の確保」を「なんだ，雇用の確保じゃないのか」と後ろ向きになるのではなく，70歳まで働ける業務委託契約を狙って，「未定年」の今，何が出来るかを考えていきましょう。その根本になるのが，次の章でお話しする「キャリア自律」です。

03　未定年に突然突きつけられた 「キャリア自律」の意味。

「自立」ではなく「自律」が示すものは何か

　高年齢者雇用安定法の改正にはもうひとつ国からのメッセージが隠されています。人生100年時代，70歳できれば75歳まで働いてほしい。そのためには

「キャリア自律」の意識を持って自ら動き，国や企業に頼らないでほしい。

　そもそも「キャリア自律」とは何か。英語で表記するとcareer self-reliance，直訳すればキャリアを「自分に依存」することです。すなわち「キャリア自律」とは，企業からレールを敷かれるのではなく，個人が自分のキャリアを考えて，実現に向けた行動を行っていくことです。終身雇用時代の日本企業において，キャリア形成は会社が考えてくれるものでした。会社員の立場で，自らキャリアについて考えることはほとんどなかったはずです。社員がどのように成長してほしいかを企業側が考えて教育するシステムだったため，社員は素直にそのプログラムに従い，真面目に仕事をこなす，その行動がキャリア形成でした。

　しかし，これからは違う。国も企業も自らの行動でキャリア形成せよ，という時代が始まっています。昭和30年代後半から40年代生まれの終身雇用世代の未定年にとっては寝耳に水，信じていたキャリアの道筋で梯子を外された気分になっても不思議ではありません。

定年後も意識すべき「キャリア自律」

　「キャリア自律」という概念が登場したのは1994年，アメリカでウォーターマンらが提唱したのが始まりです。日本では2000年代に入り，慶應義塾大学の花田光世名誉教授が論文や著書で「キャリア自律」を紹介しています。

　花田名誉教授は，セカンドキャリアを考えるセミナーに集まった方たち，特に定年を間近に控えた50代の未定年に対して「キャリア自律」を唱えました。セミナーで示した「キャリア自律」の中身は，以下になります。

キャリア自律（Career Self-reliance）

キャリア自律とは

- キャリア構築で自らを信頼し頼ること
- キャリア構築は自己責任
- 自分で自分の将来に当事者意識と責任を持つこと
- 自分勝手になんでも好きなことをするのではない
- こうありたい自分・将来の自分に向けた努力と責任
- それには周囲の支援とサポートが必要
- 周囲からの期待や要請を理解し応える
- それが相互支援や成長を生む
- それは自分自身を律する自律です
- 組織はキャリア自律に対する機会の提供を用意

出所：慶應義塾大学名誉教授　花田光世先生キャリアセミナー講義資料より抜粋

　花田名誉教授はさらに「毎日の変化と成長の習慣化」と「キャリア自律に向けたチャンスづくり」を呼びかけています。40代ならまだしも，定年を間近に控えた世代にとっては，なんとも厳しいお言葉。セミナー出席者からは「我々は上から言われたことを愚直にやってきた世代。だから先のことは考えられない」「今ごろ言われても困る。まして75歳まで働けなんて。もっと早く聞きたかった」「毎日まじめに忙しく働いているので，セカンドキャリアを考える余裕なんてない」といった，悲鳴に近い感想が続出したようです。中には降参したのか「まぁなんとかなるだろう」という楽観的かつ問題意識の低さも散見したとか。

　しかし，それは「会社の居心地のよさに浸っている」ということであり，「新しい社会へ出ていく前向きさもない」ということだ，と。残念ながら「我々は終身雇用世代だから」と地団駄を踏んでも仕方がないようです。降参して，社外でも通用するスキルを身につけて，70歳まで出来れば75歳まで働くスキルを身につける。その意識を習慣化し，成長させていく必要があるなら「キャ

リア自律」は定年後もついてまわることになります。

「定年格差」という匕首を突きつけられた未定年

　この項では，未定年の皆さんを脅かすようなことばかり言っていますが，脅かしついでに郡山史郎氏の『定年格差』（青春出版社/2021年）という書籍を紹介します。『下流老人』というキーワードが世の中に衝撃を与えましたが，この『定年格差』もコピーライター視点ではキャッチーで刺さるものがあります。『定年格差』とは何か，示唆する一節をご紹介します。

> 長年多くの定年退職者を見続けてきたからこそ，私にはわかる。国が「70歳定年」を掲げたところで，誰もがその年齢まで働けるわけではなく，シニアがスムーズに仕事を見つけ，すぐに働ける世の中になるには，まだまだ時間がかかるだろう。（中略）だからこそ，定年後に備えて準備をしているか，していないかで大きな差がつく。その準備とは，ひと言で言えばマインドセット（考え方，思考パターン）の変革だ。マインドセットが変わらなければ，同じ年齢で，同じような時期に，同じような定年を迎えたとしても，大きな格差が生まれると断言しよう。その格差は，収入や社会的地位といった些末な格差ではない。幸せか，不幸せか。そんな根源的な格差を生むのだ。

　いかがでしょうか。郡山史郎氏は1935年生まれで，『定年格差』が出版された年は86歳で人材紹介業を営む現役のビジネスマンです。5000人以上の定年前後の方々の就業支援を行ってきた郡山氏の言葉だけに，捨て置けない説得力があると思いませんか。未定年世代は待ったなし。一刻も早く70歳まで働くための「キャリア自律」行動に踏み出さなければなりません。まぁなんとかなるだろう，という楽観論に根拠はあるでしょうか。現役時代にしっかり貯蓄して，お金の心配が全くない，これ以上働くつもりもない。社会とのつながりもいらない。65歳の定年後はのんびり趣味に打ち込みたい。そう言い切ることが出来なければ，「キャリア自律」に踏み出すしかない。時代は音を立てて

変わったのです。

04　未定年のいまが充実している人ほど危険な理由。

いまの仕事が好きな50代は，どうすれば良いのか

　「早く定年後の準備をすべきなのは分かるけど，この仕事以外に何をしたら
いいか分からない」40代〜50代が中心メンバーの博報堂シニアビジネス
フォースにおけるディスカッションで多く聞かれる言葉です。この世代は，終
身雇用の時代に就職している「一社ご奉公」意識でがんばってきました。それ
はイコール「一職ご奉公」でもあるため，「この仕事以外に何をしたらいいか」
分からないのです。無理もないことです。さらに，とても幸せなことですが，
「この仕事が好き」という人が博報堂には多いです。とくに筆者と同じクリエ
イティブ職は，大多数が企画やモノをつくることが好きで仕方ない人たちです。
筆者もご多分に漏れません。弊社に限らず，未定年世代には「この仕事の他に
したいことが浮かばない」そんな人はきっと多いはずです。定年後の不安を抱
えながらも，日々は忙しく，仕事はそれなりに楽しいため，毎日が充実してい
る。その結果，定年後に備えた行動は手つかずになってしまう，そんな未定年
が筆者の周りにもたくさんいます。いまが充実していることが危険という，皮
肉な状況に陥るのです。そこに早く気づいてほしい，いや気づかなければ。そ
の理由を，この項では別の視点からお伝えします。

未定年のいま，ライフプランを考えるべき「予防医学」の視点

　忙しい日々と心中してはいけない。無理やりにでも一旦停止させて，ライフ
プランを考えるべき理由が，「予防医学」の領域からも発信されています。
　昭和の頃，平均寿命は70歳でした。令和の今は90歳に届こうとしています。
そのために必要なのが，平均寿命ではなく健康寿命を延ばすこと。そこで昨今
注目され始めたのが「予防医学」です。

予防医学の石川善樹先生は，健康寿命を延ばすために働き方を変えるという我々が選ぶべき新しい生き方を下記の図に表しました。

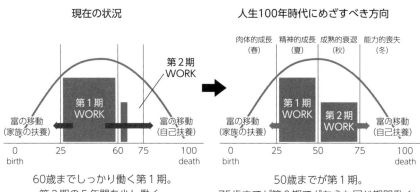

健康寿命を延ばす「新しい働き方」

出所：公益財団法人 Well-being for Planet Earth 代表理事　石川善樹氏講演資料『100年時代を健康に生きる』に筆者加筆

　石川先生は人生を春夏秋冬の4期に分け，バリバリ働く時期を精神的成長の夏としました。その次が成熟的衰退の秋で，身体は衰えるけれど精神は成熟していくそうです。現在は60歳までが夏で，その時代をしっかり働き，得た稼ぎで家族を扶養し，定年後まで自己扶養するのが標準モデルです。しかし，人生100年時代の図を見てください。夏（第1期）と秋（第2期）がどちらも25年。50歳から75歳までもしっかり働くという考え方もあるのではないでしょうか，を示した図です。さらに若い頃の蓄えで定年後を自己扶養するのではなく，秋の時代の働きで自己扶養せよ，と。きびしいですね。

　筆者が思うには，国も年金受給開始を遅らせるために，70歳まで働いてほしいのではないか，と。もっと働いて年金受給を75歳にした人には，受給額上積みというインセンティブまで用意しているのですから。

　この図は，予防医学の先生が著した図なので，人生100年時代を元気に長生

きするための働き方です。日本人の平均寿命はどんどん延びているし，未定年世代も間違いなく長生きしそうです。しかし，平均寿命だけ延びても辛いだけ。健康寿命が長くなければ。そう考えると，この図と向き合わないわけにはいきません。それでは秋・第2期にどんな働き方をすれば良いのでしょうか。

いまの仕事にこだわることが，なぜ危険なのか？

　これもクリエイティブ職に多いのですが，「定年後もこの仕事を続けたい」という人。この方たちは，パターンが2通りあります。定年延長して，給料は下がってもそれまでと同じように，大好きな広告制作を続けるパターンA。パターンBは，定年退職してフリーのクリエイティブディレクターやコピーライター，CMプランナーとしての看板を掲げる。どちらも否定するつもりはありません。しかし，筆者がいろんな先輩を見てきた中で言うと，パターンAは，好きな仕事を続けられていても給料が激減することでモチベーションが下がってしまう。あるいは，定年前と同じように，先輩面で指導したり，命令することが煙たがれる場合もあります。それまでの部下が上司になって，屈辱が態度に出る人もいます。これでは，充実したセカンドキャリアを送っているとは言えません。

　パターンBは，思うように仕事が入らない。最初こそご祝儀仕事に恵まれたりもしますが，大先輩と仕事をすることは，とくに若い営業にとってはなかなか気が進まなかったりします。広告業界のみならずですが，進化のスピードは速いです。フリーランスになると，会社にいることで得られた情報から遮断される。日々是勉強の仕事ですから，情報の吸収量が減ると，ますます仕事の声がかからなくなります。

　このような反面教師の姿を見るにつけ，長らく好きでやってきた仕事を続けるリスクを視野に入れておく必要があるとつくづく思います。

　「ならば，セカンドキャリアとして全然違う仕事ができるよう，早くから備えればいいんだね？」と思われましたか？　いえいえ。全然違うことを探さなくても，いまの仕事が好きで仕方がないままで，セカンドキャリアを考えると

いう方法もあります。それが，次の項で提案する「ライフ・パトロール」です。

05 「ライフ・パトロール」で
セカンドキャリアの準備をしよう。

日々に翻弄されず，セカンドキャリアの種を探す

「ライフ・パトロール」は，コピーライターの筆者のネーミングです。好きで仕方ない仕事に追われる幸せな日常の中でも，セカンドキャリアにつながる種探しをする。セカンドキャリアに関連する出会いを作る。その習慣が「ライフ・パトロール」です。文章よりも名前化することで，習慣が忘れにくくなるようネーミングにしました。人は名前の奴隷なので。

しかし「ライフ・パトロール」は単なる命名，言葉遊びではない。キャリア理論の学びをバックボーンにして生み出したネーミングです。

キャリアコンサルタントの資格取得の学科試験では，数えるのも嫌になるほどたくさん，キャリアの大家の名前と研究理論を覚えます。その中で筆者の頭と心にがっつり刺さり，記憶されたのが，スタンフォード大学のジョン・D・クランボルツ教授が20世紀末に提案したキャリア理論「計画された偶発性理論」。この理論が「ライフ・パトロール」の背景にあります。「計画された偶発性理論」で重要なのは2点です。

①人のキャリアの8割は「偶然の出来事」により決まる。

②「偶然の出来事」は計画的に導くことでキャリアアップをしていくべき。

①が「ライフ・パトロール」で重要な点です。②については後述します。

素敵な「偶然の出来事」を引き寄せるために必要な意識とは？

キャリアの8割が偶然の出来事によって決まる，と聞くと，「未定年」の皆さんは「まさか，8割も？」と思いつつも身に覚えがあるのではないでしょうか。誰かとの出会いによって，会社なり職種に導かれるように選んだ，という

経験。筆者の友人は，2社内定を取って，どちらにしようか迷った時，電車の
ホームで上り線をA社，下り線をB社として先に来た電車の会社を選んだ，と
言ってました。これも「偶然の出来事」と言えるでしょう。キャリアはそう
いった予期せぬ「偶然の出来事」の積み重ねで作られるというのです。

　さらにクランボルツ教授は，こういった良い偶然を創出し，自分の人生に生
かすための指針を5つ提示しています。

（1）「好奇心」たえず新しい学習の機会を模索し続けること
（2）「持続性」失敗に屈せず，努力し続けること
（3）「楽観性」新しい機会は必ず実現する，可能になると
　　　ポジティブに考えること
（4）「柔軟性」こだわりを捨て，信念，概念，態度，行動を変えること
（5）「冒険心」結果が不確実でも，リスクを取って行動を起こすこと

　キャリアの大家が後世に示したこの5つの指針を信じ，装着して，繁忙に流
されることなく，セカンドキャリアの種はないか，パトロールしながら過ごす
習慣，それが「ライフ・パトロール」です。次のページにイメージ図としてま
とめてみました。

「ライフ・パトロール」イメージ図

「チャンスの種はないかね〜」と自らの日常をパトロールするもう一人の自分を意識して日々を過ごす。何気ない出会いや偶然の出来事から，セカンドキャリアは広がっていく。

 ●人生ポリス・・・人生を並走するもう一人の自分。
偶然によるセカンドキャリアの種を見逃していないか，チェックする

出所：筆者作成

　クランボルツ教授は「未来ばかりに気を取られると現在が見えなくなってしまう」と考えたそうです。あらゆる領域でデジタル化が加速する昨今，我々は気づかぬうちに，未来を見据えることを強いられている気がします。それは，企業や組織にとっては必要なことでしょう。しかし，個人のキャリア形成においては，どうなのか。目的ばかりを見ていると，想定外のチャンスを見逃してしまう。それがクランボルツ教授の教えなのです。「未定年」の場合，「長く働く」という目的に縛られていると，いまここにあるチャンスを見落とすかもしれない。そうならないために「ライフ・パトロール」で「チャンスの種はないかね〜」と自らの日常に問いながら，日々を過ごす。いまの出会いや出来事から，セカンドキャリアを広げていく。いかがでしょうか？　これなら出来そうと思った方，きっと少なくないと思います。偶然からセカンドキャリアが生まれることを，一度信じてみませんか？

セカンドキャリアの準備に「未来のビジョン」は必要

　では「計画された偶発性理論」2つめのポイント＝偶然の出来事を「計画的に導く」とはどんなことでしょうか。クランボルツ教授の『偶発性理論』は，未来の目標を決めなくていい，とは言っていません。「ライフ・パトロール」の習慣を持つだけでも，セカンドキャリアの形成には近づくと思います。しかし，目的とは似て非なる，目標を持つことは必要だとクランボルツ教授は説いています。「未来にばかり気を取られると現在が見えなくなってしまう，って話と矛盾するじゃないか！」と思いますよね。セカンドキャリアを模索するにあたり，目標を決めることは，未来に気を取られることと，ちょっと違う。「ある職業を目指すことは，他の職業の選択肢を捨てていくことになる」それが目標を持つことだと。

　筆者がキャリアコンサルタントの資格を取得したと聞きつけて，いろんな人が「相談にのってほしい」と頼ってくれるようになりました。その人たちに共通しているのは「何かを捨てる決心は概ねついている」ということ。言い換えると答えは見つけている，ということです。答えを見つけているなら，相談に来るなとは思いません。筆者に伝えることで，何を捨て何を未来に向かう目標とするのか整理できて，自分の力できっぱりと決心できるからからです。

　偶然の出来事を計画的に導くこととは「目標を持つこと」。「未定年」はライフ・パトロール」との掛け算で，よりよい偶然を引き寄せてほしいと思います。

06　『LIFE SHIFT』にシフトできない！ならばどうするか。

今さらシフトできない？　50代はどうすれば？

　大ベストセラーになった人生100年時代を生きるための提言『LIFE SHIFT』（リンダ・グラットン，アンドリュー・スコット著/東洋経済新報社/ 2016年）。

読まれた方も多いと思います。日本では2007年生まれの半数が107歳まで生きる。50歳未満の日本人は100歳まで生きる可能性大。そのために必要な心構えは何かを指南しています。

　未定年の皆さんは『LIFE SHIFT』を読んでどう思われましたか？　「ついに時代の変わり目だ，がんばって考えも行動もシフトしよう」そう開眼した方は嫌味でなく額面通りにすごいと思います。

　しかし，筆者は「『LIFE SHIFT』を読んで行動を変えられる人の方が少ないはず」という感想を持ちました。『LIFE SHIFT』では，教育⇒勤労⇒引退という３ステージの人生モデルは終焉を迎え，これからは年齢で区切られないマルチステージ，多様な人生へ移行すべし，と説いています。20代でこの話を聞けば，「そうか。これから自分をアップデートすることを意識して働き，社会を回遊すればいいんだな」と思えるかもしれません。しかし50代はどうでしょう。年齢で区切られた３ステージが人生の基本フォーマットと刷り込まれた世代です。そのフォーマットの中で与えられたレールを走ってきた。会社生活も後半になって「今さら言われても」という思いにかられるばかりではないでしょうか。しかし，時代の変化と冷たい風は十分に感じている。何とかしなければ，と問題意識は抱いていることでしょう。

　そこで筆者は『LIFE SHIFT』から学んだことから，３ステージ人生を半分以上生きてきた50代「未定年」に「これだけ覚えて帰ってください」と言いたい生き方を提案します。漫才で出てきますよね。「今日はコンビ名だけでも覚えて帰ってください」って。あの感じです。覚えてもらいたい生き方提案は，ひとつではなく，ふたつですが。

その１「社会を引退しない宣言」。定年＝引退と決めつけない

　定年が近づくと元気がなくなったように見える人がいます。日本の企業には「役職定年」という言葉もあり，定年前にそれまで管理職だった人が一般社員に戻ることもあります。後輩たちから「終わった人」という目で見られたり，「今までみたいに上から目線で物を言わないで」と暗ににおわせられたり。

しかし，そこを良しとして受け取っては，それこそ人生100年時代において「終わった人」になります。『LIFE SHIFT』は，人生100年時代において引退の文字はないと示しているのです。

平たく言い換えれば「生涯現役」が近い言葉かもしれません。が，会社員が「生涯現役」を突きつけられても「いや定年延長しても会社に居られるのは65歳まで。物理的に生涯現役なんて無理」そう思ってしまいますよね。

そこで筆者が50代未定年に勧めたい生き方提案その①は，「社会は引退しない宣言」。**会社は引退しても「社会は引退しない」という決意**を強く持つことです。会社ではなく「社会」に意識をシフトさせる。そう考えると，自分の生き場所，生かしどころが見えてくるのではないでしょうか。お金を稼ぐだけではなく，ボランティアが生き方の主軸になるかもしれない。あるいは副業が自分の生かしどころになるかもしれません。

会社ではなく社会にシフトすれば，社会のさまざまな問題も見えてきます。例えば，子どもの貧困に問題意識を感じれば「子ども食堂を開こう」と思うかもしれない。「そうだ，料理が好きだったし」と忘れていた取柄を同時に思い出して，自分の生かしどころも見えてきます。

会社は毎月お給料を振り込んでくれるありがたい組織ですが，知らず知らずのうちに自分を型にはめ，心を縛っていた場所でもあるのです。自らの意志で会社から縛られていたロープを解き放つ，そして会社から社会へ目を向け「社会を引退しない」人，50代未定年はまずそこへ意識をシフトさせることを提案します。

その2 「生き方二刀流」で社会とどうつながるかを考える

『LIFE SHIFT』ではポートフォリオ・ワーカーという言葉が出てきます。「異なる活動を同時に行う人」という意味です。これは，第2章**16**で登場した野球大好き未定年の横川さんが，すでに実践しています。仕事をしながら，週末は草野球の監督をしている。草野球の指導を通してセカンドキャリアにつながる予感に満ちた「未定年」時代を過ごしています。

横川さんのような「未定年」を，筆者は「生き方二刀流」と名付け，皆さんに提案します。特に役職定年を迎え，なんとなく「終わった人」と自虐的に感じているなら「生き方二刀流」を視野に入れてはどうでしょう。趣味を極める，地域コミュニティに参加して貢献する，副業で所得を増やす，これらはすべてポートフォリオ・ワーカーの生き方です。

会社に縛られている自分を「生き方二刀流」にシフトさせるためには，自分の再創造も必要です。とは言え，50代はまだまだ日々忙しくしている人が多い。しかし，その日々忙しい50代を見ていると心配になります。**今，会社のために心身をすり減らし，目先の業務をこなすだけの日々が，人生100年時代における未来の自分にとってリスクになる。そのことに早く気付いてほしい。**

50代「未定年」は，なんとか再創造の意識を持って，目先の業務に追われるだけではない「生き方二刀流」をめざしてほしいです。それがセカンドキャリアのイントロになることを信じてほしいです。

07　人生100年時代で 「自分を助けてくれるスキル」は何だろう？

未来の自分を助けるために，未定年のいま何を行うべきか

「続けていれば，過去の自分が助けてくれる」これは，歌手・松任谷由実さんのある番組における発言です。名言ですよね。一般人に置き換えると，ユーミンさんは定年延長中になります。なので，続けて歌っていれば，過去のヒット曲たちが今の自分を輝かせてくれる，ということでしょうか。

我々一般人には，ユーミンさんのようなヒット曲という資産はありません。しかし，「過去の自分が助けてくれる」という視点は応用できる。未定年世代は，**未来の自分を助けるために，いま何を育てるべきかを考えるのです。あるいは，未来の自分を助けてくれる過去が，すでにあるのではないか，を棚卸しする**のです。

棚卸しの際に便利なシートがあります。「ジョブ・カード」と呼ばれるもので、ハローワークで転職支援を受ける際、キャリアコンサルタントから記入を進められます。厚生労働省のHPからもダウンロードできます[2]。

キャリアの棚卸しに有効 **「ジョブ・カード」**

厚生労働省のHPではジョブ・カードを次のように紹介しています。

「ジョブ・カードは、これまでのキャリアを振り返り、経験から得たことや、活かせる能力・強みなどを整理することで、今後どのようなキャリアを歩みたいかを考えるためのツールです。ジョブ・カードを作成することにより、目標が明確になり、履歴書や職務経歴書もより充実したものとなります」（引用：厚生労働省・ジョブ・カード制度総合サイト）

筆者はキャリアコンサルタント講座の教育訓練給付金申請の際、コンサルティングを受け、記入を命じられました。このシートを埋めることで、キャリアとなけなしのスキルが整理できて、自分を客観視することができました。なるほど、これは市販の履歴書を埋めるより良いな、と。

2　厚生労働省『ジョブ・カードがつくれる、わかる　マイジョブ・カード』
　　https://www.job-card.mhlw.go.jp/

しかし，ここで注意してほしいのは，助けてくれる価値は成功体験に限らない，ということです。何かの失敗や挫折をきっかけにして，新たな道を見つけることもある。転んでもただ起き上がるだけではなく，災い転じて福としてやる！　という気概を持つことです。それが結果的に，未来の自分を助けるために，「何かを育てること」になります。

「育てた人」の一人目として，まずは筆者の体験を開陳します。筆者の場合，それまで勝ちまくっていた競合プレゼンで，負けが続きだしたことが新しい道の発見につながりました。勝ちまくる日々では，寝ても覚めてもその企業のことや，関連する情報を学ぶことが頭の中を占拠していました。次の競合プレゼンに備えるためです。勝ち続けているときは，獲得した現業をこなしながら，次のプレゼンに向けた知力づくりを行っていました。しかし，負けが重なることで，そのスパイラルが絶たれた。道が絶たれた何もない平原にひとりポツンと立つような日々の中で，新しい道が浮かび上がったのです。それが社会人大学院への入学でした。都市経営研究科という看板は，それまで仕事で得てきた知見，カンヌライオンズという広告祭視察で知った海外の都市再生事例など，弱いながらも得てきたスキルとキャリアを総動員させることで，新しい花を育て咲かせることができると直感したのです。

筆者の場合，それと意識せず，結果としてそれが未来の自分を助けてくれるものを育てる，につながりました。しかし，未定年世代の皆さんにはぜひ意識して未来の自分を助けるものを「育てる人」になることをお勧めしたいのです。

意外な仕事が，未来の自分を助けてくれる

もうひとり「育てた人」をご紹介します。『祭りのイノベーション　祭りを「資本の風車（かざぐるま）」と考えてみる』（Amazon/2021年）を上梓した加藤正明さんです。

加藤さんは元々，広告会社でコピーライターとしてキャリアをスタートさせました。後に営業へ異動となり，さまざまな仕事を経験されました。その終盤となる50代，未定年時代に業務で「祭り」と出会ったのです。とあるクライ

アントの業務で，日本のさまざまな地域の祭りを世に知らしめるキャンペーン
を動かす中で，加藤さんは祭りを地域マーケティングの視点で捉えました。その中身をついに著書として上梓されたのです。『祭りのイノベーション 祭りを「資本の風車（かざぐるま）」と考えてみる』です。祭りの今日的意味，課題，事例が新たなアプローチで整理されています。加藤さんはSNSで「祭りの衰退は単に文化の問題ではなく，災害対策や格差是正が滞る地域の一大事と伝えたくてこの本を書きました」と述べられています。地方創生の修士目線から見ても，その提言は，地方創生並びに地域ブランディングを志す自治体の皆さんに新鮮なヒントと気づきを与えてくれると思います。

　加藤さんは現在，定年延長の卒業後，祭り運営に関してはNPOを立ち上げ，その道のプロフェッショナルとして業務を継続中です。一方で，大学の客員教授として教壇に立たれています。地域マーケティングの視点からの祭りの重要性を学生たちに伝える。社会貢献性の高いやりがいあるポジションです。祭りという業務の積み重ねが，まさに過去の自分が今の自分を助けてくれている，の好事例です。ちなみに，加藤さんの出版デビュー作『成功する「地域ブランド」戦略　九条ねぎが高くても売れる理由』（PHP研究所/2010年）は，研究者・シンクタンク・地方の学芸員などにも評価されて１万部近く売れたそうです。その執筆力はコピーライターとしてのスキルがベースにあることは言うまでもありません。

08　定年延長を選んだ時，どう生きていくか。

変わらない場所で，変われない自分

　65歳までの雇用が義務になり，多くの企業が60歳定年後は正社員から契約社員に雇用形態を変更する，という施策を選択しています。60歳から働く環境を変えるのは大変なこと。今までと同じ場所でシームレスに働ける，しかも雇用延長は希望すれば認められますから，未定年が60歳以降のライフプラン

で選択肢のひとつにする，そこに間違いはありません。

　しかし，心配なのは働き方です。特に，管理職として高いポストについていた人は働き方や意識の変革が必要になる。でも変われない人，多いのではないでしょうか。年下の上司から「定年前と同じように，我々をマネージメントしたがる。こちらが望む働き方をしてくれない」という悩みをよく聞きます。後輩たちがこんな陰口を言っている日常，「未定年」の皆さんは良しとしますか？

　平均寿命も伸びている中，いまのシニア世代は元気です。「年齢なんて関係ない！　まだまだやれる」と考えるのも結構。しかし，その頑張りが後輩たちの成長機会を奪っているとしたら。そのせいで「これって全く老害だよな」と陰口を囁かれる日常，「未定年」の皆さんは気にせず働けますか？

　変わらない場所で，自分を変えることは難しいことです。しかし後輩たちを困らせる日常は自分だって苦しい。面白くない思いを抱えながら，惰性で会社に向かう日々では免疫力も下がり，心身が病んでいきます。「未定年」はセカンドライフを健康に過ごすためにも，変わらない場所で変わる覚悟が必要なのです。

何を喜びとして，日々働くか

　では，変わらない場所で自分はどう変わっていけば良いのでしょうか。前提として「変わろう」という意識を持つこと。次に設定したいのは「働く意味のギアチェンジ」です。大多数の企業がそうですが，再雇用のステージでは給与が下がります。「仕事は同じなのに，給与が下がるなんて」と不満を持つ人は多い。だからと言って「給与が下がっているんだから，私に仕事を振らないで」と宣言するのも同僚にとっては迷惑な話です。定年前の働く意味は「家族を養うため」「出世するため」「好きな仕事を楽しむため」などが一般的だったと思います。しかし，そのまま同じ意味を抱えていると，再雇用ステージとはミスマッチを起こします。家族を養う？　給与ダウンだよ。出世？　コースアウトしたよ。好きな仕事を楽しむ？　体力落ちてるし，同じようには無理…「働く意味のギアチェンジ」はなかなか難しそうです。

そこで筆者から，未定年の皆さんに「働く意味」をいくつか提案します。広告を企画する時，ラフ案というものをクライアントに提案することがあります。たたき台という言い方もします。未定年の皆さんは以下のラフ案を参考にして，ご自身の「働く意味」を構築してください。

・A案：「健康維持のため」
　2022年に発表された統計では長野県の健康寿命は女性が全国1位，男性が2位でした。高齢者の就業率も男女共に日本一で，この2つのデータに相関関係はあると考えます。だから健康なうちは出来るだけ長く働く。働いていれば，脳も活性化されてボケ予防にもつながる。**給与が下がっても「お金をもらってスポーツジムに通える」と考えてはどうでしょう。**お金をもらって通えるジムでは，人間ドックは会社負担，パソコンも無料で使える…と考えれば，年下の部下のもとで働くことへの被害者意識も軽減するのではないでしょうか。

・B案：「後輩を助ける」
　今の20代～30代は，将来に不安を持つ世代です。自分たちの老後はどうなるのか。年金はもらえるのか。いまは安定的に働けていても自分の会社の将来は心配。同世代にはコロナ禍により職を失った若者もいる。非正規雇用による不安定な働き方から抜けられない若者も。そんな不安世代の後輩たちを助ける。サポートする。俺が俺が，私が私がと前へ出るのではなく，後方支援することにも価値はあります。**「○○さん，ありがとう」「○○さんのおかげで…」と感謝する生き方はいかがでしょう。**定年延長の日々に，違う光が差すはずです。

・C案：「会社を利用する」
　日本人は肩書きの奴隷だな，と思うことがよくあります。その人の性格や個性にフォーカスするのではなく，勤務先や学歴で人を判断する。会社に属していれば，世間から「○○会社にお勤めなんですね」と信頼してもらえる。それが有名な会社でなくても，無職ではないことで信頼を得られる，寂しいことで

すが，それが日本の現実です。会社に属していることで自分の価値は上がっている。結果的に会社を利用していることになります。そこからの発展形として，例えば，長年の勤務により得た領域の知見を「講演」できるよう，働きながらスキルを磨く。知見をシェアするための「執筆⇒出版」をめざす。こういったことは，「元〇〇会社」でも可能ですが，「会社で得たスキルを利用する」という意識を持って働く，そこに意味を見出すと，日常の過ごし方は変わってきます。年下の部下に指示されることの嫌悪感も軽減するのではないでしょうか。

楽しくなければ，定年延長ではない

「楽しくなければテレビじゃない」かつてのフジテレビが発信したキャッチコピーです。テレビと同じく，定年延長も器です。この器に何を詰めこむか，それは自分次第です。正社員から契約社員に変わる，給与が下がる，そんな被害者意識にまみれて日々を過ごすなんて，もったいない。まだまだ体力もある時期を，楽しく周囲とも仲良く過ごせるよう，未定年の頃からシミュレーションしておくことをお勧めします。高校や大学を出てから，30年から40年も働いてきた後の時期は，楽しく輝ける，まるでご褒美のような日々を享受すべきです。しかし，そのご褒美は，会社から与えられるのではなく，自分で自分にあげるもの。60歳からの自分にご褒美をあげられるために，いま何が必要か，未定年に考えてほしいと思います。

09 「やっぱり不安」と，どうつきあうか。

58歳未定年たちのリアルな不安

「未定年」への呼びかけは「60歳再雇用以降のライフプラン準備を早く始めよう」ですが，そう言われても「煽られただけで，不安しか残らない」「具体的にどう動けば良いか分からない」そんな人が多いのではないでしょうか。

色々な「未定年」事例を紹介し，定年以降をどう生きるかのヒントをお届け

したつもりですが，「やっぱり不安」ですよね。不安なのは，みんな同じです。とくに定年が間近に迫った50代後半は，不安に加えてあせりが重なる。

そんな58歳の声を集めてみました。セカンドキャリアを考えるセミナーに集まった人たちの声です。

- 男性・メーカー勤務Aさん「60歳以降をどうするか，考える余裕なく走ってきた。今も日々の業務に忙殺されているから，何も考えられない。走り続けてきたし，子供も独立したから，あとは細々と妻と暮らしていければ良し，とする」
- 女性・金融系勤務Bさん「60歳以降，どうすれば良いかなんて，さっぱり思い浮かばない。手に職もないし，看護師のような資格がある人がうらやましい」
- 男性・音楽制作会社勤務Cさん「求められてきたことに応えてきた。クリエイティブな仕事とは言え，人気商売でクライアントに好かれ日々忙殺されてこそ安心。今もそんな日々を続けている。60歳以降も継続して今の仕事を続けたい，続けるしかないと思うが，給料が激減することを考えると心が折れる」
- 男性・商社勤務Dさん「今ごろ70歳・75歳まで働けと言われても困る。日々忙しいし，セカンドキャリアを考える余裕はない。今まで，楽観的に問題意識低く過ごしてきた。こうならないよう，後輩世代には，早めに考えろよ，会社卒業後の人生は長いぞ，と伝えたい」
- 女性・マスコミ企業勤務Eさん「私たちは終身雇用世代。上から言われてきたことを愚直にやってきた。若い頃は，指示待ち世代とも言われた。先のことを考えるというDNAが埋め込まれていない。お金のことは，早く備えるべきだった」

会社も職種もまちまちですが，総じて大多数の気持ちが「セカンドキャリア？　何も考えられない」といったところです。

「不安やうらやましさ」と心中してはいけない

　そんな向かい風の中，強い気持ちで立つ人もいます。男性・外資系企業勤務のＦさんは「定年延長は98％しない」と言い切りました。「英語と中国語が話せて，大きなプロジェクトを動かしてきた。そんな自分が新入社員より低い給料になるのは割に合わない。経験を生かした仕事を60歳までの間に見つけてみせる」すごい自信に圧倒されます。そして，この強さがうらやましい。特に営業や事務畑の人はＦさんがうらやましそうでした。しかし「うらやましい」で止まってしまいますか？　**「自分が気づいていない隠れスキル」は，ありませんか？　そこに気づいて，発掘して，磨きをかけてみて**ほしい。

　不安やうらやましさ。それは未定年の誰もが抱くでしょう。しかし，不安やうらやましさと心中しますか？　60歳以降も，会社や社会の役に立ち，楽しく輝いて過ごしたいと思いませんか？

不安を自分の応援団にする

　この項では，未定年の「不安の正体」を明文化しました。しかし，不安は人を落ち込ませるものではないと筆者は考えます。**不安があれば，人は動く。不安から逃げるために，なんらかの行動を起こせる，**そんなタフネスを実は隠し持っているのが，人間だと思います。だって，老後が不安だからシニアは貯金に励み，国から「貯めずに使って経済を回してもらわなければ」と言われても馬耳東風ですから。

　「未定年」も行動できるエナジーを持っています。**30年余り会社に尽くし，日本の発展に寄与してきた，その力を信じましょう。**それは専門職がどうこうは関係ない。未定年みんなが持っている力です。この本では，セカンドキャリアに向けて，具体的なアクションを起こせるツールを提案しました。色んな未定年の事例も紹介しました。ぜひ，これらを参考にして，セカンドキャリアに向けて行動してほしいと思います。

　行動はハードルが高い，そう思う人は「考える」だけでもいい。未定年の不

安と向きあうだけでも，何も考えないよりは前向きです。その瞬間から，不安はあなたの応援団になるはずだから。

10 「大学生の未定年」に，今やってほしいこと。

就活で思い悩むことは無理もない，という理由

　この項では，若手未定年＝大学生の皆さんに向けた話をします。筆者が大学で教える「コピーライティング講座」の内容の一部ご紹介です。**未定年意識の植え付けは早ければ早いほどいい**からです。

　受講生は一般的な企業や公務員として就職したい学生がほとんど。コピーライターをめざすという声はあまり聞きません。そこで講義では「人生に効くコピーライティング」というテーマを掲げ，就活のエントリーシート記入や面接，社会人になってからのメール作成などに役立つ実践的なコピー技術を伝えています。「人生に効く」とはずいぶんと振りかぶっていますが，コピーライティングには精神性が伴います。相手に伝わるよう，相手の気持ちを動かせるよう，「相手本位」で考える。自分中心ではいけない。「相手本位」で考えることで人間関係が良くなり，出会いに恵まれ，人生の好循環が生まれる…ということで「人生に効く」なのです。

　そんな講義の中で対峙するのは，大学生の揺れ動く心です。就活という未知なる道に踏み出すことへの不安・不満・疑問をみんな吐露します。そして，みんなしっかり進んでいるのに，自分だけがやるべきことをクリアしてない，取り残されているようなあせりを感じている。

　しかし安心してください。それは20歳から22歳の全員が同じなのだということ。アメリカの心理学者であるダニエル・J・レビンソンは「ライフサイクル論」を提唱しています。レビンソン教授は，人生を4つの時期に分けて，段階と段階の間を指す「過渡期」の重要性を説きました。

誰もが悩む人生の「過渡期」

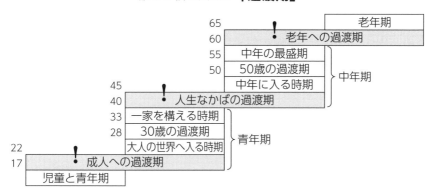

出所：Levinson D. J. (1978) The seasons of a man's life. 南博（訳）（1992）ライフサイクルの心理学（上）講談社より抜粋・筆者作成

　20歳前後の大学生は，まさに人生で1回目の「過渡期」に当たる時期。親や社会に守られて生きてきた環境から踏み出して，自ら道を切り開かねばという自覚が芽生える時期ではあるものの，同時にアパシーと呼ばれる無力感や無価値感に苛まれるのです。だから精神的に不安定になるのは無理もない。就活で悩む，他人と自分を比べてしまうことは，同世代共通の精神状態だということを，まずは認識して，少し安心してください。辛いのは自分だけではない，と知ってください。みんな辛いんです。自分だけが辛いという被害者意識でうつむくと，明日出会うはずの青空も見えませんから。

「なぜ就活しなきゃいけないの？」に対するひとつの答え

　筆者はある学生から「なぜ就活しなきゃいけないのか，意味が分からない」と悩みを打ち明けられました。半ばキレ気味に会社訪問などする気に全くなれないと。これは，就活を活発に行っている人でも思う疑問だと思います。
　「なぜ就活しなきゃいけないのか，意味が分からない」と言った学生と筆者との会話をここに再現してみます。
学生「就活する意味が分からないです」

筆者「そうだね，大学で学びたいことがあるのに，就職のために時間取られる
　　　なんてね」

学生「就活やる気が起こらないんです」

筆者「やる気が起こらないんだね。就職する気はあるの？　ご実家がお金持ち
　　　で卒業後，働く必要がないとか？　あるいは実家に帰ってこいと言われて
　　　る？」

学生「いえ，普通の家庭です。実家は田舎で帰ってこいとは言われてないです」

筆者「ということは，就職はしなきゃ，なんだね」

学生「そうですね…」

筆者「ならば，就活をやらなきゃいけないもの，と考えずに，就活を“未来の
　　　自分への投資”と考えるのはどう？」

学生「自分への投資…ですか？」

筆者「そう。やらされてる感で動いたって何事もつまらないし，面白くないで
　　　しょ？　そのやらされてる感を，○○さんは就活に感じているんじゃな
　　　い？」

学生「そうです！　それで気持ち悪いんです！」

筆者「○○さんは，他の人と違う発想力があるし，コピーを作る基礎的な文章
　　　力や語彙力がすでにある。そのスキルを未来の自分のために投資しないと
　　　もったいないと思わない？」

学生「自分はそんな能力ないですが…」

筆者「自分の能力は，自分では分からないよ。でも他人は俯瞰できるからね。
　　　○○さんの能力，私にはくっきりと見える」

　いかがでしょうか？　手前味噌になりますが，このやりとりをした学生は，
コピーライティングの講義を休まず受講し，少しずつですがエントリーシート
の自己PR文の準備を始めてくれました。「未来の自分への投資」という価値づ
けが，すべての学生に響くとは限りません。しかし自分なりの価値は何かを考
えることで，就活がやらされるものから脱皮し，時間の感じ方も変わってくる
ことでしょう。

生まれた時代と向き合い腹をくくって，就活に立ち向かおう

　今この時代の大学生は就活から逃げてはいけない。すでに始まっていますが，日本は少子高齢化社会になり，少ない若者で多くの高齢者を養わなければなりません。老後にもらえる年金も，今の大学生はぐっと少なくなることでしょう。そんな時代の日本に生まれたのですから，ここはしっかり腹をくくりましょう。そのために何が必要か。就活を単なる会社選びにするのではなく，自分が何をやりたいか，どう生きていくかを定めて，会社を選ぶ，企業エントリーに踏み出す，ということです。日本は伝統的に就職を「職選び」でなく「企業選び」にする傾向があります。しかし，少子高齢化時代を生き抜くには，しっかり学び，何らかのスキルを身につけて「職選び」する必要があります。厳しいですね。20歳過ぎの年齢で，自分がどんな職で生きていきたいか，なんて決められない。

　しかし，安心してください。卒業して就職する**1社目の会社で，人生のすべてが決まるわけではありません。**1社目の会社である程度スキルを身につけ，転職する。あるいは相性が合わない会社や仕事だと思ったら，転職する。今，転職エージェント市場が活況です。現在の会社で働きながら，ネットに登録していれば，コーディネーターが登録者とのマッチングを考えて声がけしてくれるという転職活動です。

　変化のスピードが速い現代では，10年先を予測することは難しい。だから気楽に就活と取り組みましょう。大切なのは，今と自分。今の自分が何をやりたいのかを考える。やりたいことが分からなければ，信頼できる人に意見を求める。そんな風に軽やかに「職選び」を始めましょう。

第 **4** 章

セカンドライフ計画の
具体的なヒントを得よう

この章では，60歳以降のセカンドライフやセカンドキャリアに備えて
「未定年」期に何を学ぶべきか，そのための具体的なヒントや情報を，
対談の中でお伝えしていきます。
「未定年」を応援する現場の方のお話，参考になるはずです。

対談01 幸せなセカンドライフをめざして、未定年期に何を学ぶか。

- ここまでさまざまな「未定年」を紹介してきましたが、「学び」が共通のキーワードなのは間違いありません。
- そこで「生涯学習」を掲げ、あらゆる世代の学びを支援する株式会社ユーキャンの担当者の方との対談から、学ぶ対象の選び方のコツや「未定年」に人気の高い講座例などを通し、「未定年」ならではの学び方を探りました。

(写真　成田敬一さん)

成田敬一さん

　株式会社ユーキャン　ウェブマーケティング部 部長。1996年大学卒業後、株式会社ユーキャンに入社。入社以来、通信教育部門に所属し、CM、ウェブ広告、新聞広告、雑誌広告を通じた通信講座の紹介と販売、講座のサービス改善、受講生から寄せられる学習相談の対応など、幅広い業務に携わる。

「未定年」のセカンドキャリアをどう考えるべきか？

（三嶋）65歳までの雇用が企業の義務になり，さらに法改正により，70歳までの就業機会確保も努力義務になりました。いよいよ元気な限り，働き続けなければいけない人生100年時代が本格化したことを鑑み，博報堂シニアビジネスフォースは，定年前の40歳代・50歳代を「未定年」と名付けて，さまざまな発信を行っています。「未定年」世代にはどのような学びやスタンスが必要だとお考えですか？

（成田）「人生100年時代」が叫ばれるようになって，健康で意欲と能力がある限りは，働き続けなければならないという考え方が，ずいぶん浸透してきたように感じます。内閣府の平成29年の調査によりますと，約8割の方が定年後も働くことを希望しているそうです。

　そんな流れを受けてか，最近のGoogleの「学び」に関する検索では，「稼げる資格」や「食いっぱぐれない資格」といった検索ワードが増えてきています。しかし実りのあるセカンドライフを送るために資格取得を考えるにしても，単に「稼げるか，稼げないか」という判断軸だけで考えてしまうと，思わぬ落とし穴にはまる可能性があります。

（三嶋）セカンドライフをお金だけで考えるのではなく，「自分はどう生きたいのか」から考えるべき，ということでしょうか？

（成田）そうですね。いくら稼げる資格や職種だからといって，自分の適性に合わない働き方を選択してしまうと，たとえ難関試験に合格して新たな職に就いたとしても，十分なやりがいを感じることができず，早々に退職なんてことも考えられます。

　私も現在50歳で，「未定年」世代にあたります。若ければ失敗してもやり直しもできますが，この歳になると，さすがにやり直しは体力的にもきついものです。ですから，「稼げるか，稼げないか」という軸よりも，その資格や働き方は「自分の人生を輝かせてくれるかどうか」という軸で選ぶべきだと思います。また，資格取得という選択肢を選ぶ時にも「どんなセカンドキャリアを描

いていきたいか」ということを，あわせて考えてほしいと思います。

（三嶋）木を見て森を見ず，にならないようにということでしょうか。資格取得だけに囚われるのではなく，セカンドライフを俯瞰することが大切ですよね。

自分が「得意な領域」「輝けそうな領域」を見定める

（成田）定年後の働き方としては，「再雇用」「再就職」「起業」といった方法があります。いずれの働き方を選択するにしても，お金を稼ぐにあたっては，自分の「得意」とする領域で勝負したほうが，断然有利です。仕事でもスポーツでも，その人の「強み」が十分に発揮され，アドレナリンが出て，気持ちが乗っている時にこそ，「いい成果」や「いい成績」が出るものです。だからこそ，まずは自分の「強み」は何か？　「得意」とする領域はどこか？　を見定めることがとても重要です。

（三嶋）得意な領域を見定める，自己肯定感が低いとそれはなかなか難しいように思います。得意なことなんてない，と決め込んでいる人も多いような…

（成田）得意なことが見つからない，と思ったら「自分が輝けそうな領域」を考えてみるのはどうでしょうか？　これまでの仕事人生を振り返りながら，「いい成果」を出した時って，どんな仕事をしていた時だったのか？　その時は，どんなことを感じ，どんなことを思ったのか？　その経験を通じてどんな能力が身についたのか？　を書き出してみるとよいと思います。そうすると「自分が輝けそうな領域」が浮かび上がってきますので，ぜひ，試してみてはいかがでしょう。

（三嶋）「輝けそうな領域」それなら，ハードルが下がりそうですね。成果が思いつかなくても，自分が「これ好きだな」と思ったことは「輝けそうな領域」になると思います。

重ねた年齢が武器になる資格を「未定年」で取得する

（三嶋）御社は，さまざまな講座を運営されているわけですが，「未定年」世代は「どんなことを学べばよいのか分からない」という方が多いように思います。

（成田）とくに「未定年」の皆さんにオススメしたいのが「ファイナンシャルプランナー」です。当社のラインナップの中でも同資格の対策講座は常に上位にランクインしている人気講座です。

　ファイナンシャルプランナーとは，税金や保険，年金などの知識を活かして，ライフプランの設計を行う，お金の専門家です。今や「人生100年時代」が叫ばれ，老後における資金面の不安を抱えるシニアの方が増えています。特に最近「資産運用」という言葉をよく耳にしますが，何から手を付けたらよいかわからない方も多いそうで，その時に頼りになるのがファイナンシャルプランナーなんです。

（三嶋）確かに「資産運用」と聞くだけで，構えて警戒してしまいそう。プロのアドバイスが欲しいです。

（成田）お金の相談に対してアドバイスする場合，説得力の高さからいえば，人生経験豊かな世代のほうがアドバンテージがあります。コミュニケーションに自信のある方，年金や社会保険などお金に関する知識に興味のある方は，やりがいを感じられる資格です。

（三嶋）なるほど「未定年」期，頭が柔らかいうちに早目に取得しておくと，セカンドキャリアの有力な選択肢になりそうですね。シニアであることが，信頼性につながり武器になるのは目からウロコです。

（成田）日本FP協会の「2級FP技能検定」の合格率は，学科試験が約40％，実技試験が約50％と比較的高く，試験は年3回も実施されるため，めざしやすい点も魅力です。当社の講座は，日本FP協会の認定講座ですので，修了とともに「2級FP技能検定」の受検資格を得ることができます。

（成田）もう一つオススメしたい資格が「宅建士（宅地建物取引士）」です。こちらも，当社のラインナップの中でも常に上位にランクインしている人気講座です。

（三嶋）「宅建士」，試験が難しそうですが…

（成田）確かに，試験の合格率は約15％なので決して簡単ではありませんが，試験問題の7〜8割は，過去問題の焼き直しですので，対策を立てやすいので

161

す。

（三嶋）それは心強い情報です。合格率が低めなほうが，希少価値と言えるかもしれませんし。

（成田）宅建士とは，不動産の売買や賃貸の仲介などに不可欠な資格で，不動産が資産として重要視される日本において，常にニーズが高く，数ある国家資格の中でも抜群の知名度と活用度を誇っています。各事業所の従事者5人につき，1人以上は宅建士を雇わなければならないという義務があり，契約時の物件に関する「重要事項」の説明などは，宅建士しかできませんので，安定した求人がある点も魅力です。

（三嶋）そういった「重要事項」も，若い人よりはシニアから説明されたほうが安心できそうです。

（成田）家を購入するという，一生で一番大きな買い物の契約に携わるわけですから，信頼と細心の注意力が求められます。さまざまな経験を積んだシニア向きの仕事と言えそうですね。コミュニケーションに自信のある方，物事に対して慎重で冷静に対処できる方にとって，能力を活かせる資格です。

気軽に取り組めて「時代のニーズに合った学び」とは？

（三嶋）しかし，ファイナンシャルプランナーと宅建士が時代のトレンドに乗っているのは分かるんですが，やっぱりどちらもハードルが高いなぁ。「未定年」がもっと気軽に取り組めそうな講座ってないんでしょうか。

（成田）ありますよ。「ウェブライター講座」なんていかがでしょうか。

（三嶋）ウェブライター！　時代の先頭感がありながら，カジュアルな響きもあってハードルが少し低く感じます。あらゆる業界のニーズもありそう。どんな勉強をするのですか？

（成田）ウェブライターのスキル領域は，ウェブ上の広告文を書くとは限らず，ニュースやコラムなど多岐に渡っています。今やウェブは時代のど真ん中ですが，教えてくれる人が長らくいなくて，皆さん自己流で始めたんですよね。

（三嶋）ウェブ特有のお作法ってあるのに，確かに教わったわけではなく，仕

事の現場でも，自己流でいつの間にか始めていますね。紙媒体の続きで疑いなく書いています。

（成田）その紙媒体でも身についていなかったかもしれない，国語の常識から初心者は勉強できるんです。そこから徐々にステップアップしてウェブ特有のさまざまなテクニックを身につけていくんですね。

（三嶋）ウェブ特有のさまざまなテクニック？　それは例えばどんなことですか？

（成田）「SEO」と呼ばれる検索結果の上位にその記事が来るような文章にする技法ですね。

（三嶋）おー，それは私もすぐに学びたい!!業界問わず，年齢問わずウェブライターの技術は身につけておくと良さそうですね。未定年の方が例えば将来，起業するならウェブを使いこなすのは必須なはずです。

（成田）若い方は就職の際にも役立ちそうですし，年齢問わずお勧めの講座です。

勉強を辛いものと考えないことで，何かが拓ける

（三嶋）シニア層を対象とした「学び直し」や「リカレント教育」という言葉が近頃話題になっています。しかし，そもそもの話になってしまいますが，40・50代の「未定年」はまだまだ日々の仕事や家庭のことで頭がいっぱいで，さらに学び直しが加わると荷が重くて「無理っ！」という方も多いと思います。その辺りはどうお考えになりますか？

（成田）世の中には「勉強」というと，「学生時代の辛い思い出」と思われている方も多くいらっしゃいます。でも「学び」とは，本来とてもワクワクする「心躍る体験」であると思います。昨日までできなかったことが，今日できるようになる，そして，今日できなかったことが，明日できるようになるというように，自分の能力が引き出され，可能性が無限に広がっていく，とても尊い体験です。そして「学び」とは，大人になって取り組むほうが，社会での経験と紐づけながら捉えることができるので，より理解が深まり「心躍る体験」と

なります。

（三嶋）確かに「勉強」をネガティブに捉える傾向はありますね。「学生時代の辛い思い出」思い当たります（笑）ちょっと気になるデータがありまして，OECD（経済協力開発機構）加盟国中，リカレント教育の現状という調査において，「個人や企業がどの程度，教育に参加・参画しているか」の項目が日本は32ケ国中26位なんです。このデータには，日々の仕事を優先するがあまり，勉強をネガティブに捉えがちな日本人の精神性と紐づいているのかな，と思います。仕事を第一に考える日本人の勤勉性が裏目に出ているというか。

（成田）その勤勉性を学びにつなげることは無理ではないと思います。学びという「心躍る体験」は，資格に限らず，実用，趣味などさまざまなジャンルがあります。

（三嶋）勉強の幅は広いんですね。

リカレント教育の現状

我が国のリカレント教育は，OECD諸国と比較すると，柔軟性が低く，労働市場のニーズに合致していない傾向。

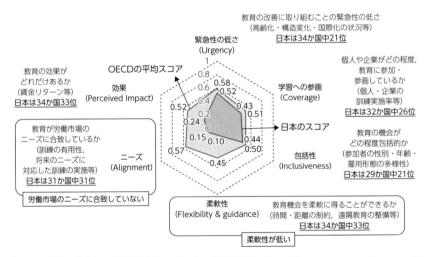

出所：内閣府（2021）『選択する未来2.0　参考資料』https://www5.cao.go.jp/keizai2/keizai-syakai/future2/saishu-sankou.pdfより，筆者抜粋のうえ加工）

（成田）時代の進化に対応して，子ども発達障がい支援アドバイザー，心理カウンセリングといった，社会課題の解決型の新講座もユーキャンは提供しています。

（三嶋）社会課題の解決に寄与する資格は「未定年」が注目したい領域ですね。<u>60歳を越えたシニアの中には「社会に貢献したい」人が増えているようです。そこを見越して社会課題の解決型講座で学ぶ</u>のも良いですね。「自分が輝けそうな領域」としてもイメージできそうです。

（成田）コロナによって人との交流が減ったことで，相談したくても誰にも相談できずに，悩まれている方々を救う講座として，お役に立っております。

（三嶋）リカレント教育や学び直しという言葉が注目されることで，社会人大学院をめざす人も多いです。私は「未定年」期に社会人大学院とキャリアコンサルタントの資格取得講座，両方で学びましたが，仕事との両立は本当に大変でした。どちらも修了できたことが信じられない位です。いま思うと「気軽に学ぶ」という選択肢を持っていても良かったなぁと（笑）

（成田）セカンドキャリアだけでなく，セカンドライフで考えると，「未定年」の気軽な学びは色々考えられます。

（三嶋）キャリアではなくライフ。稼ぐだけでなく，人生を豊かに楽しむための視点も大切ですよね。

（成田）例えば「桐谷さん式はじめての株主優待講座」は，キャリアでなくライフの話かと。

（三嶋）おー，株主優待による生活で有名な方ですね！　いかにも気軽に学べそう。いま低金利ですし，運用しなきゃと思うばかりで何から手をつければ良いか分からない「未定年」は多いはずです。

（成田）1か月で株式運用に必要なノウハウが大体学べるような講座なんです。どこの証券会社を選んで口座はどうやって開くか，銘柄の選び方などビギナーに必要なことを桐谷さんが分かりやすく教えてくれます。株価の上下を気にするのではなく，買ったら手放さないで，株主優待の金券やグルメ券を楽しむことがお勧めだと。

（三嶋）気軽な学びは人生を豊かに面白くしてくれる。この視点も「未定年」には大切ですね。

働きながらセカンドキャリアに備える「すき間学習」

（三嶋）とは言うものの，学びを続けることはなかなかむずかしいです。私の場合，働きながらの英語学習は何度も頓挫し，結局モノにならずです（笑）。子供の頃は，通信教育の教材が手つかずの真っ白なままで，親に叱られたり。

（成田）「わかりやすさ」と「手軽さ」は大切ですね。特に「ファイナンシャルプランナー講座」や「宅建士講座」といった国家資格系の講座はすき間時間の活用も大切です。スマホの動画解説でポイントが学べたり，学習の進捗管理を自動で行うサービスはチェックしてほしいですね。合格まできちんと導いてくれることで，初めて学ぶ方も安心して学習できると思います。

（三嶋）スマホで「すき間学習」なら，重い本を持たず，通勤時間を利用して学べます。昔の通信教育とは違って，このジャンルはどんどん進化しているんですね。

（成田）働きながら学習されている方の負担を最小限に抑えることも，国家資格系の講座では大切だと思います。試験問題を徹底的に分析して，出題されやすい箇所だけに絞ったコンパクトな教材があると良いと思いませんか？

（三嶋）出題されやすい箇所に絞った教材があると，効率よく学べて時間の節約になるので助かります。

定年後も稼ぐなら，未定年期に「自分を磨く」べき

（三嶋）人生100年時代に紐づいて，リカレント教育や学び直しが必要で議論も盛り上がる一方，我が国のリカレント教育は諸外国と比較すると，まだまだ進んでいないようです。労働市場のニーズとも合致していない印象です。この状況をどのようにお考えになりますか？

（成田）リカレント教育と労働市場のニーズが合致していないのは，定年後も稼ぐために「自分を磨く」という意識が，個人のみならず社会全体で，まだ十

分に浸透していないことが要因だと思います。

　50歳の私の世代では，若い頃は「人生80年」と言われ，終身雇用の企業に入社して勤め上げたら，定年後は年金を受給しながら，簡単なアルバイトをしたり，趣味を楽しむ，悠々自適な老後生活が待っていると，みんな信じて疑っていなかったと思います。しかし，急激な少子高齢化を背景に「人生100年時代」が叫ばれ始めて，定年後も働かなければならないという問題が，俄かに浮上してきました。

（三嶋）いきなり梯子を外された感がありますよね。

（成田）そうですね。だから現実を十分に受け入れられない，むしろ受け入れたくないという気持ちが先行し，日々の仕事や子育てに追われているうちに，直視することを先送りにしてしまっているのが現状ではないかと感じます。とはいっても，毎年歳をとるわけですから，必ずこの問題には直面しますので，後で慌てるよりも，実りあるセカンドライフをスムーズにスタートできるよう，準備は進めておきたいものです。

（三嶋）セカンドキャリアあるいはセカンドライフに備えて「何かしなきゃいけないと思うけど，何をすれば良いのか分からない」という声を多く聞きます。

（成田）終身雇用制度の中で生きてきたのですから，無理もないですよね。「何かをしなければ」と思っても，お手本にすべきロールモデルがまだ存在しないため，「何をすれば良いのか分からない」という方が，大勢いらっしゃるのは頷けます。

ロールモデルがいない「未定年」に必要な人材像とは？

（三嶋）そのロールモデルをかき集めたのが，拙作『未定年図鑑』です。しかし取材や執筆の中で浮かびあがったのは，セカンドキャリアについて手取り足取り一緒に考えてくれる「キャリアコンシェルジュ」のような人材が必要だな，と。自分でセカンドキャリアを考えられる人はすごい人で，それは少数派なんです。「キャリアコンシェルジュ」のアイデアについて，成田さんはどう思われますか？

（成田）大量リストラの波が本格的に押し寄せつつある現在，その人の「強み」や「得意」な領域を一緒に探し出してセカンドキャリアの形成を指南してくれる，「キャリアコンシェルジュ」というアイデアはとても素晴らしいと思います。

（三嶋）「キャリアコンサルタント」という資格を取ったのですが，講座の中で「決めるのは相談者自身」と教わりまして。確かに人生に関わることなので，それは正しいと思うのですが。もっと手取り足取り教えてほしいというニーズはあるかと。特にエリートと呼ばれ，順風満帆な会社生活を送ってきた人ほど「どうするべきか分からない」と。頭がいいはずなのに（笑）

　「未定年」期に準備が必要なのは分かるけど…そこまでなんですよね。で，先ほど成田さんが言われたとおり，日々の仕事や家庭のあれこれに追われて先送りしてしまう。

（成田）我々の世代は，日本の流行や消費文化を切り開いてきたパイオニア的存在で，本来元気のある世代です。そして，バブル崩壊，リーマンショックといった数々の苦難を乗り越えながら，しなやかさや，逞しさも，身につけてきた世代でもあります。そんな大きなポテンシャルを秘めた世代だからこそ，まだまだ社会で活躍できる力は持っていると思うのです。

（三嶋）なんと，勇気づけられるお言葉。50歳代の「未定年」の皆さん!!力を頂きましたよ。

（成田）「キャリアコンシェルジュ」が多く誕生し，我々世代のセカンドキャリア形成を強力に後押ししてくれたら，国が理想とする「全ての人が元気に活躍し続けられる社会，安心して暮らすことができる社会」にグッと近づくかもしれません。

（三嶋）建設的なお言葉をたくさん頂いたところで，最後に「未定年」の皆さんに向けた応援メッセージを頂けますか？

（成田）輝かしいセカンドキャリアを形成するためには，やはり「いい準備」をすることだと思います。まずは，自分の「強み」と「自分が輝けそうな領域」をじっくりと見定めること。そして「学び」によって，強みを高めること

です。私も，皆さんと一緒に，次の世代のロールモデルとなるような新しい生き方を切り開いていきたいと思います。そして，誰もが羨むようなセカンドライフを一緒に謳歌しましょう！

（三嶋）力強い応援メッセージ，ありがとうございました！

対談02　介護・福祉の現場で，企業経験者のスキルが生かせるのはなぜか？

・介護・福祉領域の経営コンサルタントとしてのスキルアップのため，社会人大学院に入学した門脇敏弘さんという方がいます。

・門脇さんによると，学びの場から異業種の人脈が拡大し，専門領域のスペックも強化できたとのことです。

・介護・福祉の現場では，企業経験者の「マネジメント・スキル」が求められています。セカンドキャリアの選択肢として検討してはどうでしょうか。

(写真　門脇敏弘さん)

門脇敏弘さん

　一般社団法人 SSCアソシエイツ代表。介護・福祉事業経営コンサルタント。
　1989年大学卒業後，百貨店・旅行会社に勤務。2001年（株）ストラテジ＆システムズコンサルタント入社，その後，約4年間，介護現場を経験。2007年より，介護・福祉事業に特化したコンサルタントとして，介護事業者の経営指導，高齢者住宅の新規開業支援等に携わり，年間200回を超える会議・研修・セミナー活動を行う。2021年，一般社団法人SSCアソシエイツ設立。都市経営修士（大阪市立大学大学院都市経営研究科）。

介護・福祉事業専門のコンサルタントへの道のり

（三嶋）今日は私と同じ社会人大学院（大阪市立大学大学院都市経営研究科）で学んだ門脇さんのお話を伺います。門脇さんは介護・福祉事業に特化した経営コンサルタントというお仕事をされています。今日は**介護・福祉の現場で実は企業経験者が求められている，というお話**ですが，その前に門脇さんのキャリア・ストーリーをお聞きしたいんです。なぜ社会人大学院入学を志して，そこで何を得たかも伺いたいです。

（門脇）なかなかの根掘り葉掘りですね（笑）

（三嶋）そうですよ（笑）経営コンサルタントはたくさんおられますが，介護・福祉領域に特化したコンサルタントは珍しいですよね。

（門脇）確かに珍しい存在かもしれません。もともとは会社で販売会社や卸売業の傘下にある販売店の営業指導をする経営コンサルタントをしていました。だから介護・福祉の分野を始めから狙ったのではなく，たまたま巡り合った感じです。お客さまから「この福祉用具をどうやって販売したらいい？」と相談を受けたのが始まりでした。

（三嶋）偶然の出会いから始まったわけですね。その後，施設で実際の現場で介護のお仕事をされた，と。

（門脇）そうです。当時，介護について社員の誰もその業界のことを把握してなかったんです。でも「今後伸びる業種！」であることは間違いなかったので，介護について勉強しようと，介護業務や組織作りに介護事業所で約４年仕事をしました。

（三嶋）すごい行動力。なかなか，そういう発想にならないですよね。

（門脇）妻からも「経営コンサルタントになったのになぜ？」と賛成は得られませんでした（笑）

介護・福祉の「現場に寄り添うコンサル」需要の起点

（三嶋）介護の現場を体験されたことで，何かが変わりましたか。

（門脇）現場を知っているという経験は大きいですね。机上ではなく「現場に寄り添うコンサル」というコンセプトを掲げていますが，その起点になったと思います。この後，有料老人ホームや高齢者住宅の立ち上げに関わるのですが，現場の経験から提案できることが多数ありました。

（三嶋）例えば，どんなことでしょう。

（門脇）ある住宅メーカーさんからは「数年前から高齢者向け住宅（サ高住）を展開し始めたけども，経営が上手くいかない運営事業者が多くて困っている」という相談を受けました。小さな介護施設が売上を上げていくためには，どうしても中重度の要介護者の入居を増やさざるを得ないんです。

（三嶋）ケアが多いので，介護費用を高くもらえるということですか？

（門脇）介護保険料ですね。重度になるほど，高い保険点数になります。例えば，要介護5だと月の限度額は36万円，要介護1だと16万円くらいです。この差は大きいです。入居対象者をどう設定するかで，売上はもう全く違う。

（三嶋）とは言え，中重度の入居者は，介護スタッフも多く必要ですよね。

（門脇）そうなんです。だから売上を上げる方法だけでなく，保険制度や現場業務全般を知らないとアドバイスできない領域がたくさんあります。

（三嶋）偶然，飛び込んできた仕事が門脇さんの方向性を決めたんですね。でも，偶然を受け取るだけでなく，「現場を知ろう」と磨きをかけたことがステップアップにつながっています。

（門脇）まあ，本当にたまたまですが。でも，おかげさまで全国各地からお声がけをいただいています。介護・福祉の経営戦略から事業計画だけでなく，人事・総務のお仕事，マニュアル・ツールの作成も私が行うこともあります。

（三嶋）戦略から事務作業まで，まさに現場に寄り添ってますね。

　しかし，そんなにお忙しい中，社会人大学院に入学しようとしたのは，どんな動機があるんですか？

要支援者対策における問題意識から大学院へ入学

（門脇）介護・福祉の領域と正面から向き合うと，いろいろな発見や矛盾にぶ

つかるんです。例えば，有料老人ホーム・高齢者住宅の場合，要支援の方は，要介護の方と比べると，残念ながら入居を断られる傾向にあります。要支援の方の介護保険は1ケ月に2万円，4万円くらいです。

（三嶋）重度の方よりも保険点数が少ない方たちですね。

（門脇）介護サポートがあまり必要のない方たちです。保険点数が少なくても，何らかの生活のサポートは必要なんです。

（三嶋）ご高齢の方に必要な生活のサポートはきっと色々ありますよね，

（門脇）そうなんです。そこで要支援の方たちが入居できる施設はないのか，知りたい，調査したいという思いが強くなったんです。国は要支援の方をサポートする「生活支援総合事業」に着手しましたが，成功している地域はあるのかも知りたいと思いました。

（三嶋）その問題を掘り下げたくて，社会人大学院に入学したんですね。

（門脇）そうです。大阪市立大学（現・大阪公立大学）大学院都市経営研究科には医療・福祉イノベーションというコースがあるのですが，入試説明会で先生に研究のイメージを伝えて意見を求めると「生活支援総合事業は国の制度だから，その研究なら都市行政コースのほうが良いと思う」というアドバイスを受けました。

（三嶋）制度を深掘りするなら，行政領域で学ぶのが良いと。

（門脇）高齢者住宅の入居者が，中重度の要介護者が中心になっているのは，特別養護老人ホームの居室数が少ないことが原因なのか，もしくは病院のベッド数が少ないからなのか。あとは1人暮らしの高齢者が増え続けているせいなのか。こういった仮説を検証しようと思ったんです。

（三嶋）お仕事に直結しているとは言え，大学院で時間とお金をかけてまでとは，なかなか思わないですよ。ご家族の反対はなかったのでしょうか。

（門脇）おかげさまで，それはなかったです。以前から大学院へ行きたい，と話していたからだとは思いますが。

大学院での学びが，いまの仕事にどう役立つか

（三嶋）2022年10月3日の衆院本会議において，岸田文雄首相は所信表明演説で「個人のリスキリング（学び直し）の支援に5年で1兆円を投じる」と表明しました。**リスキリングが必要な理由は「成長産業への労働移動を促すため」**と明言されています。「企業間，産業間での労働移動の円滑化に向けた指針を来年6月までに取りまとめる」という表明もありました。これからは働く人全般が，リスキリングを意識しなければならなくなる。そんな時代の幕開けだと感じました。

（門脇）「年功序列的な職能給からジョブ型の職務給への移行」も岸田首相は強調されていましたね。

（三嶋）これは40代・50代のベテラン社員にとって，脅威になると思います。何を学びなおすのかは，個人の立場や判断で異なってくるので，総論的に語ることは難しい。ただ姿勢として，門脇さんのように問題意識を持って何かを学ぶことは，みんなが向き合うべきだと思います。岸田首相の所信表明演説や時代の流れを背景に，門脇さんは大学院での学びがどう役立ったのか，教えて頂けますか。読者の皆さんが「よし，リスキリングをしよう」と思えるようなお話を期待します（笑）

（門脇）プレッシャーかけますね（笑）どう役立ったかは，実はいろいろあります。ひとつは，行政の担当者と話がしやすくなったこと。例えば行政特有の事情があるんですが，そこを踏まえて行政の方と対峙すると，先方の話が分かり，こちらも行政の用語で話すとお互いの理解が深まります。

（三嶋）自分の土俵でなく，相手の土俵で話すわけですね。

（門脇）民間と行政は本質的な違いがあります。民間は売り上げ重視。行政は予算を確保して，その用途をスムーズに遂行することが大切。色々な制度に縛られている，ということもあります。そういった事情も理解しないと，話がかみ合わないし，建設的な方向にも進みません。

（三嶋）大学院での学びが，お仕事上の武器になったわけですね。

大学院の研究でプロとしてのスペックを強化できた

（門脇）あと，お役所のアポイントが取りやすくなりました。大阪市立大学大学院の都市経営研究科にネームバリューの強さがあったと思います。しかも専攻した都市経営というジャンルは，イメージしやすい。高齢福祉政策の取材・相談という，アポイントの目的が伝えやすかったです。

（三嶋）門脇さんの場合，介護・福祉事業のコンサルタントというお仕事に直結するお役立ちがあったんですね。他のお仕事をしているご学友を見渡すと，どんなことに役立っていると思われますか？

（門脇）立場問わず共通して言えるのは，異業種の仲間やネットワークが出来たこと。私の場合，木・金曜日の夜と土曜日の終日が授業でしたが，働きながら学ぶというしんどい時間を共有した仲間とは，連帯感が生まれます。大学院修了後も助け合ったり，相談が気軽に出来たりします。

（三嶋）自分と畑違いの場所で働く人からは，違う視点が得られますよね。視野が広がることで，新しい自分に進化したように思います。

（門脇）都市行政コースのワークショップでは，いろんな業界から招かれたトップランナーのお話が聞けます。省庁や自治体，議員の方のお話を聞く機会はなかなかありません。

（三嶋）海外の市役所で働く方も登場しましたね。

（門脇）そうそう！　デジタル活用が進んでいて，日本との違いにみんな愕然としました。

（三嶋）新たな知識の習得と覚醒により，転職した人もいるし，セカンドキャリアの道筋が見えた人もいます。

地域によっては高齢者を支える人材が不足している

（三嶋）さて，社会人大学院では修士論文を書き上げることが，修了要件になります。なかなか険しい道のりでしたよね。

（門脇）論文とは何か，学術的とは何かを学ぶところからスタートですからね。

（三嶋）とは言え，門脇さんの場合，入試説明会の時点で研究テーマにつながる問題意識があったわけで，それは大きいと思います。「生活支援総合事業」が成功している地域の研究は，修士論文にまとめられていましたよね。

（門脇）介護保険法では，「介護予防・日常生活支援総合事業」という名称なんですが，要支援者等の多様な生活支援ニーズへの対応は住民や企業，団体など多様な主体によるサービス体制を整備することについて，市町村が中心となって推進することが位置づけられました。

（三嶋）地元の自治体広報誌で，買い物支援のボランティアを募集する記事を見たことがあります。これも「生活支援総合事業」の一環ですか？

（門脇）それだけでは，生活支援総合事業で行っているのか行政独自の有償ボランティアなのかはわかりませんね。

（三嶋）ちなみに，成功している地域はどちらでしょう？

（門脇）需要の規模が大きい自治体として東京都杉並区。需要の伸びが高いのが沖縄県那覇市。特に那覇市は住民主体の生活支援体制の整備が進んでいることが分かりました。

（三嶋）需要が大きければ，おのずとサービスも進化するのでしょうか。

（門脇）ところが，需要があってもサービスが遅々として進まない地域もあります。その地域では，圧倒的に高齢者を支える人材が不足しているんです。働き手の不足はもちろんのこと，買い物支援や話し相手をするボランティアも足りていない。

（三嶋）そういった要支援者を支援する問題に，社会のフォーカスがもっと当たってほしいです。

求められている企業出身者の「マネジメント・スキル」

（三嶋）さて，ようやく対談の表題のお話になりますが（笑）企業出身者は介護・福祉の現場で活躍できる，という門脇さんのお考えについてです。

（門脇）介護・福祉の現場では，人材不足と同時に「人材難」という問題もあります。それは「スタッフや施設全体をマネジメント出来る人が少ない」とい

う問題です。マネジメントについて，体系立てて勉強する機会がなかった方が，幹部になられている施設が多いんです。

（三嶋）介護のことを分かっている，資格がある人がキャリアを積んで上に立つ，ではダメなんですか？

（門脇）マネジメント力を発揮するには介護や福祉の専門知識だけでは，難しいですね。人・モノ・金に関してスキルがある企業出身の方が定年後，介護や福祉の施設長になっているケース。これで，上手くいっている施設を多く見受けます。企業の管理職経験者なら，人・モノ・金のマネジメントを学んできているでしょう。

（三嶋）確かに，人・モノ・金を回すのは，別のスキルが必要なんでしょうね。

（門脇）大手メーカーで営業部長をやっていた方，銀行出身の方，経理や人事に携わられた方が定年後，施設長や事務長になっているという話も聞きます。

（三嶋）畑違いの業種でセカンドキャリアを始めた方たちですね。長年培ったスキルを存分に生かせる。素晴らしいステップです。

（門脇）名刺に施設長という肩書きも付きますし。ただし，施設長として働きながら学ぶことも必要です。最低限の介護・福祉の専門用語は頭に入れないといけません。

（三嶋）有資格者である現場スタッフと話ができなくなりますよね。企業経験は活かせるけれど，それだけではダメだと。まさにリスキリングで，今までの経験とは異なる新しい学びを蓄えながら働くわけですね。

（門脇）大企業の管理職やっていました，を振りかざしているように思われると，スタッフとぎくしゃくしますからね。

セカンドキャリア選択は，異業種に目を向けてみる

（三嶋）企業で得たマネジメント・スキルが生かせるとは言え「介護の現場イコール仕事がきつい」というイメージが先行している業種だと思うのですが。

（門脇）介護現場で働きたくないと，決めつけている人は確かに多いかもしれませんね。でもコミュニケーションスキルの高い方は，すぐに介護現場に馴染

んですね。イメージ先行で進路を狭めるのはもったいないです。「私たちが
この国の高齢者を支えている！　社会の役に立っている！」という意識。これ
が，定年後の自己肯定感につながっていくのではないでしょうか。

（三嶋）博報堂シニアビジネスフォースは「社会とつながりたい，役に立ち続
けたい」という意識と行動が，人生100年時代を輝かせるために大切だと考え
ています。朝日新聞社さんは60歳以上のすてきに年を重ねるシニアはどんな
意識で日々を過ごしているかを読者会議というイベントで探り，お手本になる
思考型「ポジティブ8」を発表しました。「ポジティブ8」の中にも「社会の
役に立つ自分でいたい」という一文があります。

読者会議サロンで発見したすてきに年を重ねる思考型「ポジティブ8」

> ♯1　いくつになっても「何か」を始める。
> ♯2　健康への「きっかけ」を上手に見つける。
> ♯3　Well-beingのための「ケアを自分で」できる。
> ♯4　「カラダの健康」と「ココロの健康」をリンクさせる。
> ♯5　「社会の役に立つ」自分でいたい。
> ♯6　「学び欲」と「好奇心」を持ち続ける。
> ♯7　「きっかけ」を待っている。強く求めている。
> ♯8　「成功体験」や「うれしいこと」を話す。

出所：朝日新聞2022年7月14日東京本社版30面

（門脇）年齢を重ねても元気な人は社会の役に立つことを意識しているんです
ね。そんな方を介護・福祉現場は大歓迎します。

（三嶋）施設長といった管理職は荷が重い，という人にも出来るお仕事はあり
ますか？

（門脇）資格がない人でもできる仕事が介護現場にはたくさんあります。例え
ば掃除，洗濯，リネン交換など，運動にもなる仕事を少しの時間だけ，という

勤務形態も登場しています。

（三嶋）定年後はフルタイムで働くのはしんどい，という人もいます。だから自分の体力と相談しながら働けるのはいいですね。

（門脇）あとこの業界は70代・80代の方で仕事をしている方が多いのも特徴です。一部上場企業の役員を務めた方が，定年後デイサービスの送迎ドライバーをされていたり。年齢問わず仕事ができて，それが高齢者の皆さんに喜ばれ，地域社会に貢献されています。

（三嶋）日本は高齢化がどんどん進むわけで，介護・福祉業界は働き手がます ます必要ですよね。

（門脇）セカンドキャリアを考える際，魅力のある業種だと思います。これから介護事業に参画する医療法人が増えるでしょうし，需要も大きく，まだまだ伸びる業界です。

（三嶋）介護・福祉業界をきつい仕事と捉えるのではなく「伸びる業界」と視点を変えてみると，セカンドキャリアの選択肢がひとつ増えますね。「未定年」期のリスキリングで何を学ぶか迷っている人も答えが見つかるかもしれません。

介護・福祉業界が求める「専門性」は他にもある

（門脇）「未定年」期のリスキリングとして，これから学ぶなら，IT領域はどうでしょうか？　ITに強いシステムエンジニアの方が管理職として採用されていたりします。社会保険労務士も採用ニーズがありますね。社会保険や助成金の知識が生かせるからです。

（三嶋）施設経営には，本当に多くのスキルが必要なんですね。

（門脇）企業でマネジメント力を身につけた人が，「未定年」期にIT領域を学んだり，社労士資格にチャレンジすると，セカンドキャリアの開拓で武器が増えるわけです。

（三嶋）IT領域を学ぶ，なかなかハードルが高そうですが，時間とお金をかける十分な価値はありますね。

（門脇）デジタル庁も立ち上がりましたし，介護・福祉の現場も，これからIT

化をどんどん進めなければなりません。そのための人材は圧倒的に不足しています。

仕事の専門分野を学び続けてキャリアの持続を図る

（三嶋）さて対談の最後にお聞きします。自営の門脇さんも年齢的には現在「未定年」なわけですが，今をどう生きようとお考えですか？

（門脇）おかげさまで前の会社から業務を譲り受ける形で，一般社団法人として事業を始めました。なので会社員の皆さんのように定年はありません。しかし人生100年時代を迎えましたから，体と頭が続く限り働き続けたいと思います。そのために，修士の学位を取った後，研究員として大学院に残りました。

（三嶋）研究がお好きだったんですね（笑）

（門脇）実はそうでした（笑）中でも調査が面白いですね。研究員の間，「住宅セーフティネット制度」について調査をしました。この制度が住まいに困っている高齢者にとって，本当に役に立っているか，知りたいと思いました。

（三嶋）次々とリサーチクエスチョンが湧いてくる（笑）

（門脇）「住宅セーフティネット制度」については20000字の研究報告書としてまとめました。「根拠に基づく政策立案」と名刺に書いていますが，そこに紐づくよう，調査・研究はこれからも続けなければ，と思っています。

（三嶋）この対談では２種類のリスキリングの話が出ました。①国の成長戦略と人材流動を視野に入れた「今と異なる分野の学びを装着する」リスキリング。②「今の仕事のスキルアップとスペックを強化する」リスキリング。門脇さんは②に取り組んでおられるわけですが，読者である「未定年」の皆さんは，どちらに取り組みますか？　さっそく考えてもらえると，うれしいです。門脇さん，今日は「未定年」のヒントになるお話をありがとうございました。

おわりに

　「未定年」の「未」をどう捉えるか。言葉通りには「未だ」定年に至らぬ世代を指すのですが，「未来」も意味する，と考えたいのです。無理やり感ありますか？　しかし「定年を考える→暗い気持ちになる→考えることを先送り」にしてほしくない。人生100年時代，60歳から後40年もあるかもしれない未来を前向きに考え，セカンドライフを創っていこうよ，そう呼びかける書籍をめざしました。

　執筆中に「未定年って何歳を指すの？」という質問もよく頂きました。40代～50代をコアターゲットにした内容ですが，「未だ定年に至らない」だから，直訳的には「企業や組織で働く，新入社員を含む全世代」ということになります。若いうちから定年を視野に入れて，ライフプランを意識するのは，とても良いこと。年功序列も終身雇用も終焉を迎えた今，キャリアは会社や組織から与えられるものではなく，自分で創るものになったからです。

　とは言え，喫緊の課題はいわゆるシニア層。40代後半から50代の皆さんに未定年時代のアクションを起こしてほしい！　目覚めよ，立ち上がれ！　叫びながらの執筆でした。

　最後になりましたが，拙著の出版にあたり感謝を伝えたい方々へ。中央経済社の敏腕編集者・浜田匡さん。書籍におけるクリエイティブ・ディレクションってこういうことか！　と驚きと納得の連続。さまざまな課題を投げて，私を引っ張ってくれました。心からの感謝を伝えます。博報堂シニアビジネスフォース・代表の梅村太郎さん。思えば5年前。シニアビジネスフォース発のコピー「未定年」に惚れ込んだ私が「本にしたい！」を最初に伝えたのが梅村さんでした。「未定年」に紐づく知見のある方々を集めてミーティングを開いてもらったあの日から，ようやく出版が叶い感謝です。あの時，集まってご意見をくれた山本なつみさん。長らくの応援をありがとうございました。図鑑と

いう形態を面白がって27人の未定年をイラスト化してくれた中山沙織さん。私の甘いディレクションにやんわりと課題を投げてくれたおかげで，表現の精度が上がっていきました。あなたの才能と人柄に感謝です。長文の原稿確認をお願いした博報堂関係部署の皆さん。多岐にわたるご指摘と励まし，ありがとうございました。

「未定年」ロールモデルとしてご登場頂いた27人の皆さん。お忙しい中，取材・原稿確認のご協力，本当にありがとうございました。「面白い！」という，そのひと言にどれほど力をもらえたことか。さらに皆さんのお話を聞くことで，私も気づきを得られ「未定年」として成長できたと思います。

そして，拙著を手に取ってくださった皆さん。セカンドキャリアまたはセカンドライフを考えるきっかけになったでしょうか。何かを創る趣味をお持ちの方はその延長線上に「未来を創る」を入れてもらえれば。体を動かす趣味の方は体と同じく「未来を動かして」もらえれば。趣味なんてないよと言う方は，「未来創り」を趣味にしてもらえるとうれしいです。「未定年」の皆さんが，定年以降も輝いて人生を歩まれることを心から願っています。

三嶋（原）浩子

◎執筆者紹介

三嶋（原）浩子　（みしま（はら）・ひろこ）

博報堂 関西支社CMプランナー/ディレクター/コピーライター/動画ディレクター。

博報堂シニアビジネスフォース　コンテンツ・ディレクター/キャリアコンサルタント（国家資格）。

大阪市立大学大学院　都市経営研究科・都市行政コース修了。修士（都市経営）。2019年から非常勤講師として同志社女子大学 表象文化学部日本語日本文学科にて「コピーライティング」を担当。

広告クリエイターと大学非常勤講師，シニア研究，地方創生の「四刀流」で活動中。人・街・社会をよりよく育てる表現にこだわり抜く「社会派クリエイター」を自負する。

主な広告作品として，ACジャパン「忘災が怖いんや」，企業連合広告「キングジョー，神戸に再び」，家庭養護促進協会「里親カフェ〜こんなパパ・ママと暮らしたい」，企業連合広告「震災を知らない子どもたち」など。共著に『20代の武器になる 生き抜く！ マーケティング』（中央経済社）などがある。

◎イラスト・アートディレクション

中山　沙織　（なかやま・さおり）

博報堂 アートディレクター。

東京藝術大学　美術学部デザイン科卒。「どうやったら，本気で人を幸せにできるか？」を模索しながら，広告・コンテンツ開発・パッケージデザインに取り組む。かわいさと狂気が共存するイラストのファンも多い。男児2人の子育て中ワーキング・ママ。

主な広告作品として，DyDo「#We DontWanna Cry」，HYTEK「Thermo Selfie」，hoyu「Beautylabo ホイップヘアカラー」2021，ひらかたパーク「渋谷ひらパー」などがある。

博報堂シニアビジネスフォース流
未定年図鑑〜定年までの生き方コレクション〜

2023年6月15日　第1版第1刷発行

著　者　三嶋　（原）　浩子
発行者　山　本　　　継
発行所　㈱中央経済社
発売元　㈱中央経済グループ
　　　　パブリッシング
〒101-0051　東京都千代田区神田神保町1‐35
電話　03 (3293) 3371（編集代表）
　　　03 (3293) 3381（営業代表）
https://www.chuokeizai.co.jp
印刷／三英印刷㈱
製本／㈲井上製本所

© 2023
Printed in Japan